제이캠퍼스
경영 고전 읽기
시즌3

일러두기

본문에서 (경영 이론) 부분은 정구현 저자가 (경영 고전) 부분은 신현암 저자가
썼습니다.

제이캠퍼스

경영
고전
읽기

시즌3

정구현 신현암 지음

현대인은 기업과 인간을 이해해야 한다

세계 도처에서 정치와 정부가 실패하는 사례가 늘고 있습니다. 우크라이나와 러시아에 이어서 이스라엘과 팔레스타인도 전쟁에 휩싸이고 있습니다. 정부와 외교의 실패입니다. 미국의 정치도 대립이 심화되고 한국의 정치도 입법이 어려운 상태로 접어들고 있습니다. 정치가 실종되고 있습니다. 이처럼 안보와 정치가 위태로운 상황에서 그래도 사회 안정을 유지해 주는 기관이 민간 기업입니다. 지금은 부가가치를 창출하고, 일자리를 만들어주고, 세금을 내고 기술을 발전시키고, 국가의 경쟁력을 유지해 주는 대표적인 사회적 기관이 민간기업입니다. 자원과 기술과 인재와 노하우도 누구보다도 기업이 가장 많이 갖고 있습니다. 그런 점에서 현대인은 기업에 대한 제대로 된 이해를 해야 합니다.

이 책은 이제 140년 정도의 역사를 가진 민간 대기업을 이해하는 데 길잡이가 되어줍니다. 기업은 사람이 시작하고 사람이 움직이는 조직입니다. 따라서 기업에 대한 이해는 인간에 대한 이해에서 출발합니다. 인간은 복잡하고 가변적인 존재라서 이해가 쉽지는 않지만 기업은 사람(고객과 임직원)에 관한 깊은 이해가 없으면 성공하기 힘듭니다.

다음으로 조직에 대한 이해가 필요합니다. 사람들이 어떻게 협력하면서 일을 하는가? 협업, 소통, 리더십 등은 어떻게 작동하는가? 이처럼 사회에서 생활하는 데 인간과 기업에 대한 이해는 가장 기본적인 지식이며 통찰력입니다. 제이캠퍼스에서는 2020년 6월부터 3년에 걸쳐서 경영학과 인접학문의 명저 36권을 공부했습니다. 시즌 1과 시즌 2에서 12권씩 공부한 책은 이미 출간됐습니다. 이 책은 시즌 3에서 공부한 12권의 고전에 대해 다루고 있습니다. 이 책의 본론에 들어가기에 앞서 여러분의 독서에 경영학적 깊이를 더하기 위해 여기에서는 지난 3년간 공부한 36권을 총정리하려고 합니다. 정리하는 방식은 기업경영과 관련하여 8개의 중요한 질문을 던져보고 이 36권의 책들이 제시하는 답을 알아보는 것입니다. 8개의 질문은 다음과 같습니다.

1. 인간의 본성은 무엇인가?
2. 기업의 본질은 무엇인가?
3. 시장경쟁에서 이기는 전략은 무엇인가?
4. 혁신을 어떻게 할 것인가?
5. 혁신을 잘하는 조직의 특징은 무엇인가?
6. 강한 조직은 어떻게 만드나?
7. 제품과 아이디어를 넓게 빨리 퍼트리려면 어떻게 해야 하나?

8. 우량 장수기업의 특징은 무엇인가?

　책이란 아무래도 시대의 산물입니다. 예를 들어서 1980년대에 미국에서 나온 경영학 책이라면 그 시대 미국의 여러 상황을 반영할 수밖에 없겠지요. 책이 나온 시대적 배경을 이해하면 그 책이 주장하는 내용을 좀 더 잘 이해할 수 있을 겁니다. 그럼 이러한 질문들에 대한 해답을 나름대로 찾아보면서 경영학의 명저들이 어떤 안목을 제시하는지 살펴보겠습니다.
　특히 시즌 3에서는 인간의 본성, 조직의 특성, 이기는 방법, 아이디어를 널리 퍼뜨리는 방안에 대한 12권의 책을 소개하고 있습니다. 이 책이 12권의 경영고전을 공부하는 데 즐겁고 유익한 길잡이가 되기를 바랍니다.

2025년 2월
정구현

경영 고전에서 실전 전략을 배울 수 있다

    프로이센을 유럽 최강의 군사 대국으로 키운 프리드리히 2세는 한니발과 알렉산더만큼 전쟁을 잘 치른 전략가로 유명합니다. 그가 어느 부하로부터 이런 질문을 받았다고 합니다. "폐하처럼 탁월한 전략가가 되려면 무엇을 익혀야 합니까?" 총검술이나 기마 훈련 같은 답을 예상했습니다. 그런데 뜻밖에도 그의 대답은 "전쟁사를 열심히 공부하라."라는 것이었습니다. 부하는 고개를 갸우뚱하며 "이론보다는 실전 경험이 더 중요하지 않습니까?"라고 조심스럽게 되물었습니다. 그러자 그는 이렇게 답했습니다. "우리 부대에 전투를 60회나 치른 노새가 두 마리 있다. 그러나 걔들은 아직도 노새다." 이는 전쟁사를 통해 전략 전술의 역사 속에 숨겨진 원칙과 전제를 발견하고 실전에 응용하는 것이 승리의 핵심이라는 뜻입니다.

    그렇다면 경영사를 공부하고 주요 경영 서적의 지혜를 습득하는 것이 기업 경영에 도움이 될까요? 제프 베이조스가 짐 콜린스의 저서 『좋은 기업을 넘어 위대한 기업으로』에 등장하는 플라이휠

flywheel 이론에서 영감을 받아 자신만의 선순환 사이클을 설계하고 이를 실천해 아마존을 성공시킨 일화는 너무나도 유명합니다. 호시노야로 유명한 호시노 리조트 그룹의 호시노 요시하루 역시 『마이클 포터의 경쟁전략』을 읽고 기존 5성급 호텔과 차별화되는 온천여관을 만들어 큰 성공을 거두었습니다. 풀무원의 남승우, 유한킴벌리의 문국현 또한 피터 드러커의 열렬한 추종자로 알려져 있습니다. 이처럼 위대한 경영 구루들의 이야기는 단순히 이론에 그치는 것이 아니라 실전에 바로 적용될 수 있습니다.

그렇다면 수많은 경영 서적을 어떻게 읽어야 할까요? 미술관을 효율적으로 둘러보기 위해 큐레이터의 설명을 듣는 것처럼, 경영 이론도 큐레이터의 안내를 받으면 큰 도움이 됩니다. 이번에 출간된 시즌 3를 포함하여 총 3권의 책이 발간되었는데 36권의 주옥같은 경영 서적이 요약되어 있습니다. 경영의 뼈대를 잡는 데 이보다 나은 시작은 없을 것입니다.

하지만 미술관 투어를 할 때 큐레이터의 이야기만 듣고 바로 떠난다면 제대로 관람했다고 할 수 없겠죠. 자신이 관심 있는 작품을 집중적으로 감상해야 합니다. 마찬가지로 36권의 요약된 내용을 일독한 뒤 현재 자신에게 필요한 내용이 눈에 띈다면 그 책을 정독하는 것이 중요합니다. 가능하면 원서와 비교하며 읽어보는 것을 추천합니다.

2025년 2월

4장
혁신 방법은 무엇인가 • 131

7장
어떻게 아이디어를 확산할 것인가 · 205

8장

어떻게 우량장수기업을 만들 것인가 • 243

1장
인간의 본성은 무엇인가

『트리거』

1. (경영 이론)
인간의 본성을 이해해야 한다

　기업의 모든 활동은 당연히 사람을 중심으로 돌아갑니다. 경영자는 인간에 대한 기본적인 전제를 바탕으로 일을 하겠지요. 인간에 대한 이해는 여러 측면이 있겠지만 기업경영에서 가장 중요한 것은 두 가지라고 생각합니다. 하나는 임직원에 대한 이해이고 또하나는 고객에 대한 전제입니다. 그리고 또 하나 실용적인 접근을 든다면 자기관리의 문제일 겁니다. 이 세 가지의 주제를 가지고 인간의 본성에 대해서 접근해 보겠습니다.

왜 열심히 일하는가

　이런 질문을 하겠습니다. "왜 당신은 열심히 일하세요?" 또는 "당신을 열심히 일하게 만드는 것은 무엇일까요?" "돈 벌려고요" "승진하려고요" "일이 재미있어서요" 등 답이 많겠지요. 이 질문과 관련하여 생각나는 이론은 세 가지입니다. 첫 번째는 'X-Y이론'이고, 두 번째는 허츠버그의 '2요인 이론'이고, 세 번째는 매슬로의 '욕구단계설'입니다.

X-Y이론은 조직행동론에서 오래전에 배운 기억이 있습니다. X이론의 전제는 "인간은 게으르다."입니다. 게으르니까 강하게 통제하고 지시하고 감독해야 하겠지요. 반대로 Y이론은 "인간은 일에서 스스로 만족을 얻기 때문에 알아서 일을 잘한다."라는 겁니다. 인간은 원래 게으른가요? 아니면 부지런한가요? 사람마다 다르겠지요. 하지만 기업에서 어떤 전제로 일을 시키는지는 중요합니다. 또 시대적인 상황도 중요하겠지요.

이 X-Y이론은 더글러스 맥그리거라는 사람이 개념을 정립했습니다. 1960년에 발간된 『기업의 인간적 측면』에서 맥그리거는 시대가 변했기 때문에 이제는 조직관리의 전제가 바뀌어야 한다고 주장했습니다. 그는 변한 사회상으로 시민의 민주의식 신장, 전반적인 생활 수준 향상, 교육 수준 향상, 사회보장제도 확대를 지적했는데요. 익숙하지 않습니까? 그러니까 못살고 가난했던 시절에는 강압에 의해서 일했지만 이제는 잘살게 되어서 보람을 느껴야 열심히 일한다는 거지요. 요즘 우리 사회에서 MZ세대에 대한 이야기를 많이 합니다. 이 젊은 세대는 돈만을 위해서 일하기보다는 직장에서 가치와 보람을 추구한다고 하지요. 좀 일반화한다면 선진국에서는 X이론보다는 Y이론이 더 맞지 않을까요?

그러면 구체적으로 어떤 요인이 인간에게 동기부여를 할까요?

프레드릭 허즈버그의 2요인 이론이 하나의 답을 제시합니다. 인간의 욕구에는 위생요인과 동기요인의 두 가지가 있다고 해서 '동기-위생 이론'이라고도 합니다. 위생요인은 보수, 대인관계, 작업환경처럼 충족이 안 될 때 불만족의 요인은 되지만 그 자체가 동기부여의 요인은 아니라는 겁니다. 동기요인은 위생요인보다 상위 욕구로서 성취감, 인정받기, 자기실현을 위한 욕구가 여기에 해당합니다. 그러니까 앞의 X-Y이론에서 Y이론의 전제를 깔고 있지요? 진정한 근로 동기는 인간이 자발적으로 일하면서 스스로 성취에서 만족을 얻을 때 나오는 거라고요.

허즈버그의 2요인 이론은 매슬로의 욕구단계설과 같은 맥락입니다. 매슬로는 인간의 욕구를 생리 욕구, 안전 욕구, 애정(사회적) 욕구, 인정 욕구, 자아실현 욕구라는 5단계로 보고 낮은 단계의 욕구가 충족되면 다음 단계의 만족을 찾게 된다고 주장했습니다. 그러니까 허즈버그의 위생요인은 매슬로의 하위 욕구에 해당하고 동기부여 요인은 매슬로의 상위 욕구에 해당한다고 볼 수 있습니다. 허즈버그나 매슬로의 책은 모두 1959년에 발간되었으며 앞의 맥그리거의 책도 1960년에 나왔습니다. 기업경영에서 인간의 자발적인 동기에 대한 긍정적인 평가는 나온 지가 그렇게 오래된 것은 아니네요. 특히 우리나라에서 민주화, 사회복지의 확대, 교육 수준의 향상과 사회적 형평성에 대한 요구가 구체화된 것은 이제 20여 년 정도 되었다고 하겠습니다. 지금의 대한민국에서는 선진국의 가치관인 Y이론을 전제로 인간의 상위 욕구가 충족돼야 사람들이 열심히 일한다고 해야 하지 않을까요?

인간은 과연 합리적인가

우리는 '가성비'라는 말을 많이 씁니다. '가격 대비 성능'을 줄인 말인데요. 이 말은 소비자가 구매할 때 가성비라는 합리적인 기준으로 결정한다는 거지요. 과연 소비자는 그렇게 합리적일까요? 명품백이라고 해서 수천만 원을 주고 구매하는 사람들은 얼마나 합리적일까요? 요즘 사람들은 승용차를 살 때 승차감보다 '하차감'을 중시한다고 합니다. 하차감은 '비싼 차에서 내릴 때 사람들의 시선이 집중되는 데서 느끼는 만족감'이라고 합니다. 차가 개인의 개성이며 개인의 자아와 같다는 개념입니다. 내가 어떤 차를 타는가가 나의 아이덴티티를 결정한다는 관점입니다. 이런 소비자의 행동을 볼 때 인간은 과연 합리적인 존재인가요? 아니면 감정에 휘둘리고 주변의 영향을 많이 받는 감정적인 존재인가요?

"인간은 합리적이다."라는 명제는 인간이 이익을 위해서 이성적으로 판단하고 행동한다는 의미를 내포합니다. 근대 경제학 이론의 시작으로 보통 애덤 스미스의 『국부론』(1776)을 꼽는데요. 애덤 스미스에 따르면 경제가 굴러가는 까닭은 한 사람 한 사람이 모두 시장에서 합리적이고 이기적인 행동을 하기 때문입니다. 사람들이 가격의 신호에 따라서 합리적으로 생산이나 소비를 하면 시장은 가격 메커니즘을 통해서 적절히 자원을 배분하게 됩니다. 이런 메커니즘은 모든 사람이 충분한 정보를 가지고 있을 때 가능합니다. 그러나 실제로 사람들은 정보가 부족하고 시간에도 쫓겨서 합리성에 한계가 있습니다. 이를 '제한된 합리성'이라고 합니다. 의사결정을 할 때 모든 대안을 잘 검토해서 결정하기보다는 익숙한 방향으로 판단할 때가 합리성이 제한되는 예입니다.

그런데 행동경제학에서는 인간의 행동이 상당히 감정적이라고 주장합니다. 아래에 소개하는 치알디니와 탈러는 인간은 감성적이고 비합리적이라고 주장합니다. 그래서 쉽게 속아 넘어갑니다. 거꾸로 말하면 마음만 먹으면 사람을 꾀거나 속이기가 쉽다고 하겠습니다. 이런 주장은 인간은 합리적인 의사결정을 한다는 근대 경제학의 기본 전제에 반대됩니다.

• 치알디니의 『설득의 심리학』(1984)

로버트 치알디니는 사회심리학의 태두라고 할 만큼 설득과 영향력 분야에서 많은 업적을 남긴 분입니다. 이 책은 저자가 평생 연구한 내용을 집대성한 결과물인데요. 저자는 3년간 보험 판매원, 자동차 판매원, 자선단체 모금원 등으로 일하면서 현장의 상황을 익혔다고 합니다. 그리고 이 책은 20여 년간 베스트셀러였기 때문에 독자들이 실제로 이론을 적용해본 경험이 각 장마다 여러 개 실려 있습니다. 그러니 책의 설득력이 매우 큽니다. 권력power을 '타인에게 영향력을 미치는 힘'이라고 정의할 수 있는데요. 그렇게 보면 이 책은 '효과적인 권력 획득 기법'에 관한 책이라고 하겠습니다. 재미있는 에피소드와 예가 너무 많아서 설득을 업으로 하는 사람들은 꼭 곁에 두고 참고로 하면 좋은 책입니다.

치알디니의 주장은 다음과 같이 정리할 수 있겠습니다.

1. 사람들은 생각보다 훨씬 더 감정적이고 때로는 비합리적이다.
2. 따라서 상대방의 마음을 움직이는 기법은 의외로 단순하거나 엉뚱할 수 있다.
3. 이런 불합리한 설득이나 부당한 요구(사기)에 잘 넘어가지 않는 훈련이 필요하다.

실제로 요즘 피싱이나 사기가 그렇게 범람하는 까닭은 이런 인간의 약점을 이용하기 때문이겠지요?

• 탈러와 선스타인의 『넛지』(2008)

넛지라는 말은 원래는 '팔꿈치로 슬쩍 유도하다.'라는 뜻입니다. 리처드 탈러와 캐스 선스타인의 공저인 『넛지』에서는 "강압이 아니고 부드러운 개입으로 사람들이 더 좋은 선택을 하게 해야 한다."라고 주장합니다. 책의 부제가 '건강, 재산, 행복에서 더 좋은 의사결정을 하기 위하여'라고 되어 있으니 말하자면 삶의 지혜에 관한 책입니다. 2008년에 나와서 세계적인 베스트셀러가 되었습니다.

이 책도 인간이 반드시 합리적이지만은 않다고 주장하고 있습니다. '제한된 합리성'을 비합리 이론의 시작이라고 한다면 이 책은 조금 더 나갑니다. 이 책은 비합리의 현상으로 인간이 가진 제한된 합리성(정보와 시간의 부족), 유혹에 쉽게 넘어가는 점(흡연, 놀음, 마약 등), 다른 사람에게 또는 사회에 휘둘리는 일을 드는데요. 이 세 가지 현상이 모두 너무나 당연하고 자연스러운 인간의 속성 아닐까요?

그러나 사람에 대해서 쉽게 단정하면 위험한 상황이 벌어질 수 있습니다. "열 길 물속은 알아도 한 길 사람 속은 모른다."라는 말도 있지만 인간의 본질은 복합적이라고 봐야 하지 않을까요? 합리적인 면도 있고 동시에 감정적인 면도 있겠습니다. 그러나 합리성에 한계가 있어 기본적으로 주위의 사람들에게 휘둘리는 점은 인간의 보편적인 성향인 것 같네요.

그래서 자기관리는 경영의 출발점이라고 하겠습니다. 인간의 본성에 대한 이해는 경영자 자신에 대한 이해로부터 출발해야 하겠지요. 동양에는 수신제가修身齊家라는 표현이 있습니다. 지도자가 되려면 우선 자신부터 잘 다스려야 한다는 거지요. 그런 점에서 '자기관리'나 '자기경영'은 경영의 출발점이고 또 인간의 본성에 대한 이해의 출발점도 되겠습니다. 자기수양서는 많은데 책은 데일 카네기의 『인간관계론』과 『자기관리론』이 인기가 있습니다. 그리고 피터 드러커의 『자기경영노트』도 잘 알려져 있습니다.

• 드러커의 『자기경영노트』(1974)
이 책은 개인이 자신의 시간과 역량을 효율적으로 관리하고 목표를 달성하기 위한 전략을 세우는 방법을 제시합니다. 개인 수준에서의 자기계발과 자기효능감 강화의 중요성을 강조합니다. 드러커는 자기경영의 핵심을 시간관리에 두고 있습니다. 그는 개인이 자신의 시간을 효율적으로 분배하고 우선순위를 정해야 성공의 기초를 세울 수 있다고 주장합니다. 시간관리는 단순히 시간을 분배하는 일만을 의미하지 않습니다 개인의 목표와 가치에 맞춰 일의 중요도를 판단하고 결정해야 진정한 시간관리입니다. 이는 개인이 자신의 에너지를 집중할 수 있는 방법을 찾고 중요한 일에만 시간을 할애함으로써 효율성을 극대화하려는 노력으로 해석할 수 있습니다.

자기효능감은 개인의 성공에 중대한 영향을 미칩니다. 드러커는 자기효능감을 강화하는 방법으로 지속적인 자기계발을 제안합니다. 이는 개인이 학습과 경험을 통해 능력과 자신감을 키우는 과정으로 자아실현과 성장을 도모하는 데 중요한 요소입니다. 자신의 잠재력을 최대한 발휘하고 어려움에 직면했을 때도 자신감을 잃지 않고 도전할 수 있는 기반이 되기 위한 준비 과정으로 볼 수 있습니다.

자기관리에 관한 다른 책은 골드스미스의 『트리거』와 윤석철의 『삶의 정도』가 있습니다.

• 골드스미스의 『트리거』(2016)

마셜 골드스미스는 40년 이상 리더십과 경영자 코칭을 해온 분입니다. 거의 평생을 리더십 코치로 일해왔고 30권이 넘는 책을 쓴 베스트셀러 저자입니다. 이 책은 4부로 구성되어 있는데 1부의 '환경'이라는 제목 아래 부제로 '왜 나는 원하는 내가 되지 못하는가?'라고 적혀 있습니다. 이 제목이 특히 제 눈을 끌었습니다. 내가 변하지 않으면 남을 변화시키기도 더욱 힘들겠지요? 여러분이 관리자로서 매니저로서 일한다는 것은 남을 통해서 일을 하는 건데요. 그러한 리더의 역할은 자기 변화에서 시작해야 한다고 저자는 주장합니다.

이 질문은 다시 두 가지 질문으로 나뉩니다. "현재의 나는 어떤 사람인가?"와 "'내가 원하는 나'는 어떤 사람인가?"입니다. 나는 어떤 사람이 되고 싶은가? 돈 많은 사람? 성공한 사람? 보람 있는 삶을 사는 사람? 이 책은 여기에 대한 답을 제시하고 있지는 않습니다. 이건 각자의 몫인데 이 질문이 사실은 가장 중요합니다. "나는 어떤 사람이 되고 싶은가?"라는 질문에 답을 한 다음에 물어야 할 질문은 무엇일까요? 내가 되고 싶은 사람과 지금의 나 사이에 갭은 무엇이고 그 갭을 메우려면 어떻게 해야 하나를 생각해봐야 하겠지요? 이 책은 자기관리의 방법론에 관한 책입니다.

• 윤석철의 『삶의 정도』(2011)

책의 제목이 암시하듯이 이 책은 전형적인 경영학 책이 아닙니다. 어떻게 보면 윤석철 교수가 진리를 탐구해온 일생을 정리한 책이라고 할까요? 그렇게 본다면 매우 독특한 경영학 책입니다. 이 책은 개인이든 기업이든 간에 목적함수(목표)와 수단매체(도구)만

분명하면 성공할 수 있다고 주장합니다. 윤석철 교수는 목적함수를 "부단한 자기수양과 미래 성찰을 통해서 축적된 교양과 가치관의 결정"이라고 정의하며 그 중요성을 크게 강조하고 있습니다. 수단매체는 세 가지 요소가 있다고 합니다. 물질적(도구와 기계), 정신적(지식과 지혜), 사회적(신뢰와 매력) 수단매체입니다. 그런데 제3부에서는 수단매체로서 감수성(아픈 정서), 상상력, 탐색시행(현실성과 경제성)을 말합니다. 이 책은 인간의 본성이 무엇인가를 논하기보다는 경영자가 선택할 합리적인 의사결정의 지침을 제시하고 있습니다.

질문 1에서는 인간의 본성에 대한 세 가지 접근 방법을 살펴보았습니다. "왜 사람은 열심히 일하는가? 어떻게 하면 열심히 일할 여건을 만들어줄 수 있을까?" "소비자는 과연 합리적인가, 아니면 감정적이어서 유행이나 유혹에 쉽게 넘어가는 존재인가?" "경영자는 어떻게 자기관리를 할 것인가?" 큰 조직에서 여러 사람을 지휘해야 하는 사람은 우선 자기수양부터 해야 합니다. 먼저 자신에 대해서 엄격해야 합니다. 남의 약점과 실수는 이해하되 자신에게는 오히려 더 엄격해야 합니다. 그리고 무엇보다도 겸손해야 합니다. 성공하면 오만해지는 것이 인간의 본성입니다. 하지만 경영자가 리더로서 장수하려면 소통을 잘하고 상대방의 입장에서 이해하려는 감수성이 매우 중요합니다.

2. (경영 고전) 『트리거』

: 생각과 행동을 바꾸는 트리거를 찾아라

마셜 골드스미스는 누구인가

세계 최고의 경영 컨설턴트로 알려진 마셜 골드스미스는 1회 수강료가 2억 5,000만 원에 이르는 세계에서 가장 비싼 컨설턴트입니다. 포춘 500대 기업의 고위 임원들이 그의 코칭을 받기 위해 줄을 서서 기다립니다. 구글, 보잉, 골드만삭스 등 120여 개의 세계적인 기업의 CEO와 임원들이 그의 컨설팅을 받았습니다.

그는 UCLA에서 조직행동론으로 박사학위를 받은 뒤 다트머스대학교 터크경영대학원 교수로 재직했으며 행동교정학의 혁신으로 불리는 360도 다면평가 프로그램을 개발해 명성을 떨쳤습니다. 경영학계의 노벨상인 싱커스 50에서 '세계에서 가장 영향력 있는 리더십 사상가'로 2015년과 2018년에 걸쳐 두 번이나 선정된 유일한 사람이기도 합니다. 저서로는 『트리거』『모조』『일 잘하는 당

마셜 골드스미스(Marshall Goldsmith, 1949~)

신이 성공을 못하는 20가지 비밀』『미래형 리더』 등이 있습니다.

생각과 행동을 바꾸는 트리거가 있다

사람들은 더 나은 삶을 위해 변화를 원합니다. 하지만 대부분의 사람은 노력하다가 포기하고 맙니다. 다이어트나 외국어 공부 등 다양한 분야에서 그런 경험을 수없이 겪죠. 무언가 결정적인 계기가 필요합니다. "우리의 생각과 행동을 바꾸는 심리적 자극"처럼 말이죠. 이를 트리거trigger라고 합니다. 트리거는 야망을 돋워 인생을 180도 변하게 하는 선생님의 칭찬일 수도 있고 내가 뭔가 잘못된 일을 하는지 의심하게 하는 주변의 따가운 시선일 수도 있습니다. 빗소리에 달콤한 추억을 떠올리게 되듯 때로는 자연환경이 트리거가 될 수도 있죠.

저자는 이 책을 쓰기 위해 사람들에게 다음과 같은 질문을 던졌습니다. "지금까지 살면서 경험한 가장 큰 변화는 무엇이었습니까?" 다양한 대답이 나왔는데 많은 사람이 이 질문을 듣고 변화한 자신을 떠올리기보다 '변했어야 했는데 끝내 그러지 못한 행동에 대한 깊은 후회'를 했다는 점이 흥미로웠습니다. 후회는 아픈 상처를 남길 수 있으며 그만큼 고통스럽기에 환영받지 못하는 감정입니다.

후회는 고통을 동반하지만 그 고통은 트리거로 작용해 과거보다 나은 방향으로 나아가게 하는 힘이 될 수 있습니다. 후회야말로 우리의 변화를 이끄는 강력한 감정입니다.

하루 질문 체크리스트는 더 나은 삶을 이끈다

후회를 줄이고 더 나은 삶을 위해 변화를 원한다면 다음 절차를 밟아야 합니다.

먼저 '하루 질문 체크리스트'를 만듭니다. 매일 밤 자기 전에 체크리스트에 있는 항목에 대해 '최선을 다했는가'라는 관점에서 생각해보며 스스로 1점에서 10점까지 점수를 매깁니다. 항목이 '명확한 목표 수립'이라면 "나는 오늘 명확한 목표를 세우기 위해 최선을 다했는가?"라고 질문하는 겁니다.

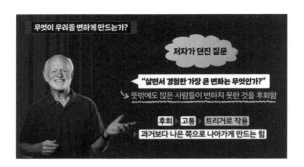

질문의 끝에 "최선을 다하고 있습니까?"라고 묻는 것이 중요합니다. 만약 "당신은 명확한 목표가 있습니까?"라고 질문하면 환경 탓을 하는 수동적인 답변이 나올 수 있습니다. 예를 들어 "회사가 매달 목표를 바꿔서요."처럼 말이죠. 하지만 "나는 오늘 명확한 목표를 세우기 위해 최선을 다했는가?"라고 묻는다면 모든 책임은 본인에게 있습니다. 능동적으로 답변할 수 있게 되는 것이죠. 회사가 매달 목표를 바꾸든 말든 '최선을 다하는 것'은 '나'이니까요.

'명확한 목표 수립' 외에도 '목표를 향한 전진' '의미 찾기' '행복하기' '긍정적인 인간관계 만들기' '완벽히 몰입하기'가 체크리스트에 포함될 필수 항목입니다. 각 항목에 대해 "나는 오늘 목표를 향해 전진하는 데 최선을 다했는가?" "나는 오늘 의미를 찾기 위해 최선을 다했는가?"로 질문을 바꿔야 합니다.

골드스미스는 총 2,700여 명에게 다음의 여섯 가지 질문에 대해 10일간 스스로 답해보라고 79회 이야기했습니다. 그 결과 최소 한 가지 영역 이상이 개선된 사람이 무려 89%에 달했고 여섯 가지 영역이 모두 개선된 사람은 37%에 달했습니다. 이는 실로 놀라운 성과입니다.

6개의 질문, 6개의 트리거

하루 질문 체크리스트 만들기

① 나는 오늘 명확한 목표를 정하기 위해 최선을 다했는가?

② 나는 오늘 목표를 향해서 최선을 다해 전진했는가?

③ 나는 오늘 의미를 찾기 위해 최선을 다했는가?

④ 나는 오늘 행복하기 위해 최선을 다했는가?

⑤ 나는 오늘 긍정적인 인간관계를 만들기 위해 최선을 다했는가?

⑥ 나는 오늘 완벽히 몰입하기 위해 최선을 다했는가?

저자는 기본 항목 외에도 창조, 보존, 제거, 수용 관점에서 추가 체크리스트도 만들어보라고 합니다. 예를 들어 창조 관점에서 '새로운 것 배우기', 보존 관점에서 '고객들과의 관계 유지하기', 제거 관점에서 '타인에 대한 분노와 부정적 말 피하기', 수용 관점에서 '바꿀 수 없는 일에 에너지 낭비하지 않기'를 설정한 다음 각 항목에 대해 "매일 최선을 다했는가?"라고 물을 수 있습니다.

예를 들어 맨해튼에 사는 어느 재정 담당 임원이 작성한 체크리스트에 창조는 '더 짧은 출퇴근길', 보존은 '내 가족의 중요함', 제거는 '내 현재의 출퇴근길', 수용은 '내 골프 실력은 나아지지 않을 것'이라고 썼습니다. 아마도 이 임원은 창조와 제거 항목이 짝을 이루는 것으로 봐서 출퇴근에 시간이 많이 드는 것 같습니다. 출세

보다는 가족의 중요성을 잊지 않기 위해 노력하며 골프 때문에 스트레스를 많이 받는 것 같습니다. 받아들일 것은 받아들이겠다는 의지로 읽힙니다.

추가적으로 운동하기, 명상하기, 잘 자기, 건강하게 다이어트하기, 아내에게 멋진 말이나 행동하기 등을 포함해도 좋습니다. 그런 다음 일주일간 매일 점수를 기록한 다음 마지막 칸에는 일주일간의 평균 점수를 계산합니다. 1~2주 데이터가 쌓이면 본인이 어떻게 변화하는지 객관적으로 볼 수 있습니다.

다음은 실제 저자가 작성한 '하루 질문 체크리스트'입니다.

하루 질문								
명확한 목표 정하기	1	2	3	4	5	6	7	일주일 평균점수
목표를 향해 전진하기								
의미 찾기								
행복하기								
긍정적인 인간관계 맺기								
완벽히 몰입하기								
새로운 것 배우기								
새로운 자료 발굴하기								
고객들과의 관계 유지하기								
가진 것에 감사하기								
타인에 대해 분노와 부정적 말들 피하기								
인정한 실수에 대해 자신과 타인 용서하기								

가치 없는 일에 내가 옳다는 걸 증명하려 애쓰지 않기						
바꿀 수 없는 일에 에너지 낭비하지 않기						
운동하기						
명상하기						
잘 자기						
건강한 다이어트						
아내에게 멋진 말이나 행동하기						
아들에게 멋진 말이나 행동하기						
딸에게 멋진 말이나 행동하기						
사위에게 멋진 말이나 행동하기						

항상 항목이 같을 필요는 없습니다. 어떤 시기에는 "와인 공부에 최선을 다하고 있는가?"가 체크리스트 항목일 수 있지만 와인 소믈리에 자격증을 취득하고 나서 프랑스 현지 와인 농장을 방문해야 한다면 "프랑스 회화 공부에 최선을 다하고 있는가?"로 질문 항목이 바뀔 수 있습니다. 핵심은 두 가지입니다. "이 항목이 내 인생에서 중요한가?"와 "이 항목에서 성공을 거두는 것이 내가 원하는 사람이 되는 데 도움이 되는가?"입니다. 두 가지에 포함되지 않는다면 그것은 쓸모없는 질문입니다.

체크리스트 기록 후에 리포팅을 통해 개선한다

매일 점수를 기록한 뒤 누군가에게 보고하세요. 그 누군가를 '코치'라고 부릅시다. 당신은 완벽한 계획가일 수 있지만 의지력이 약한 실행가일 수 있습니다. 항목 선정은 잘했지만 어떤 항목은 항상

1~2점에서 맴돌 수 있습니다. 이런 점수를 코치에게 보고하면 스스로 부끄러움을 느끼게 됩니다. 그러면 혼자서 점수를 매길 때보다 안 좋은 점수를 고치려고 더욱 노력하게 됩니다. 이런 과정을 반복하다 보면 스스로 자신의 코치가 될 수 있습니다. 굳이 외부인에게 보고할 필요 없이 스스로 반성하고 제어할 수 있는 날이 오게 되는 것입니다.

위 사진은 저자의 집에 유일하게 걸려 있는 사진입니다. 1984년 말리에서 찍은 사진으로 적십자 단원이 아이들의 팔을 만져보고 음식을 줄지 말지 결정하는 장면입니다. 팔이 두꺼워도 안 되고 얇아도 안 됩니다. 영양이 더 부족한 아이들도 있고 안타깝게도 회복 가능성이 없는 아이들도 있기 때문입니다. 이때 저자는 다음과 같이 마음에 새겼다고 합니다. "네가 가진 바에 감사하라. 너는 저 아프리카 어린이보다 나을 게 없다. 저 아이들의 가혹하고 비극적인 운명은 또한 네 것일 수 있다. 이 날을 절대 잊지 마라."

중도에 그만두고 싶게 만드는 유혹을 떨쳐내라

변화를 추구하다 보면 중도에 그만두고 싶을 때가 있습니다. 이러한 유혹에서 벗어나야 합니다. 때로는 동기가 약해질 때도 있습니다. 그럴 땐 그 일을 과감히 포기하고 대단한 열의를 가지고 할 수 있는 다른 일을 찾아 나서야 합니다. 무료로 일할 때도 대충 하고 싶어질 때가 있습니다. 걸스카우트의 근대화와 조직 혁신에 큰 기여를 한 프랜시스 헤셀바인 여사도 NGO 강의가 있는 날 백악관 행사 초청장을 받았다고 합니다. 하지만 여사는 무료라고 해서 대충하지 않았고 선약 우선의 원칙에 따라 백악관 초청을 거절했습니다. 아마추어처럼 행동할 때도 대충 하고 싶은 유혹이 생길 수 있습니다. "업무에서는 프로지만 다른 일에서는 아마추어다."라는 소리를 들으면 안 됩니다. 우리가 원하는 사람이 되는 일에 있어서는 모두 프로처럼 행동해야 합니다. 또한 "나만 예외인 상황은 없다."라는 원칙하에 움직여야 합니다.

중도에 그만두고 싶게 하는 유혹	권장하는 행동 루틴
동기가 약할 때	동기가 흐지부지될 때는 그 일을 포기하는 대신 대단한 열의를 갖고 일할 수 있는 다른 일 찾기
무료로 일할 때	헤셀바인 여사의 경우처럼 무료(NGO 강의)든 유료(백악관 초청)든 먼저 들어온 일에 최선을 다하기
아마추어처럼 행동할 때	회사에서 프로인데 집에선 아마추어여선 안 됨 내가 원하는 사람이 되는 일은 모두 프로여야 함
규정 준수의 문제를 겪을 때	나만 예외인 상황은 절대 없음

중요한 것은 여러분 스스로가 변화를 원해야 한다는 겁니다. 우리는 심지어 목숨이 달린 문제에도 변화를 거부하기도 합니다. 흡연과 같은 나쁜 습관을 버리는 것이 얼마나 어려운지 생각해보세요. 암의 위협과 사회적 압박에도 흡연자들의 3분의 2는 단 한 번도 금연을 시도조차 해보지 않는다는 사실이 놀랍지 않습니까? 그리고 금연을 시도한 사람들 중 열에 아홉은 실패합니다. 마침내 금연에 성공한 사람들, 즉 가장 의지가 강한 사람들도 평균적으로 여섯 번은 실패한 후에야 담배를 끊습니다.

한 가지 좋은 소식은 변화는 복잡하지 않다는 점입니다. 변화는 간단합니다. 하지만 '간단하다'와 '쉽다' 사이에는 엄청난 간극이 있다는 점도 놓쳐서는 안 됩니다. 변화는 하룻밤에 이루어지지 않죠. 성공은 매일매일 반복되는 작은 노력들이 모여 만들어내는 결과물입니다. 우리가 노력한다면 더 나아질 것이고 노력하지 않으면 개선되지 않을 겁니다.

✳ 더 생각해볼 것들!

나는 어떤 사람이 되길 원하는가

정구현 이 책은 4부로 구성되어 있습니다. 1부는 책의 개념적인 틀, 2부 시도는 개인 차원에서의 실행 방법, 3부는 시스템(체계적인 방법)을 설명하고 있습니다. 1부의 '환경'이라는 제목 아래 부제로 '왜 나는 원하는 내가 되지 못하는가?'라고 적혀 있습니다. 이 제목이 특히 제 눈길을 끌었습니다. 내가 변하지 않으면 남을 변화시키기도 더욱 힘들겠지요? 여러분이 관리자로서 일하고 매니저로서 일한다는 것은 남을 통해서 일을 하는 건데요. 그러한 리더의 역할은 자기 변화에서 시작해야 한다는 것이 저자의 메시지입니다.

"왜 나는 원하는 내가 되지 못하는가?"라는 질문은 두 가지 질문으로 구성되어 있습니다. "내가 원하는 나는 어떤 상태인가?" "나는 어떤 사람이 되고 싶은가?" 돈 많은 사람? 성공한 사람? 보람이 있는 삶을 사는 사람? 이 책은 답을 제시하고 있지는 않습니다. 이건 각자의 몫인데 사실 가장 중요한 것 같습니다. "나는 어떤 사람이 되고 싶은가?"라는 질문에 답을 한 다음에 그러면 그 사람과 지금의 나 사이에 갭은 무엇이고 그 갭을 메우려면 어떻게 해야 하나를 생각해봐야 하겠지요?

2장
기업의 본질은 무엇인가

『코끼리와 벼룩』

1. (경영 이론)

기업 자체가 융복합체이다

기업의 본질은 무엇인가

이 질문에 대한 답은 다양할 것 같습니다. 기업에서 일하는 사람들은 각자의 위치와 시각에 따라 다른 답을 할 겁니다. 마치 장님이 코끼리를 만지고 답하는 것과 비슷하겠지요? "기업은 돈이야." "기업은 사람이야." "기업은 공장이야." "기업은 지식 덩어리야." "기업은 부동산이야." "기업은 정보처리장치야." 등등. 실제로 기업은 이 모든 것이지요. 요즘은 융복합의 시대라고 하는데 사실은 기업 자체가 '융복합체'입니다.

많은 경영학 이론은 기업의 한 단면만을 공부합니다. 회계와 재무는 화폐로 측정한 기업의 자원 흐름을 측정하고 관리하는 분야입니다. 운영관리와 산업공학은 원자재가 부품과 소재로 변하고 이게 다시 생산되고 조립되는 부가가치 체인을 효율화하는 일을 합니다. 인사와 조직은 이런 모든 활동을 관리하는 사람과 조직에 대해서 공부합니다. 또 기업은 지식 덩어리로서 연구개발은 이런 지식을 활용하고 창출하는 활동입니다.

이렇게만 보더라도 기업은 돈, 물적 자원, 사람, 정보와 지식이라는 적어도 네 가지의 다른 흐름으로 연결된 결합체bundle입니다. 이 결합체를 해체하면 그 각각의 가치는 결합된 가치의 아주 작은 부분일 것 같아요. 바로 이게 기업을 유기체*로 보아야 할 이유일 것 같습니다. 사람이나 동물이 유기체이듯이 기업도 유기체입니다. 질문 2에서는 우선 기업의 본질이 이윤 추구인지를 따져보고 그다음으로 몇 가지 다른 시각에서 기업의 본질을 규명해보겠습니다.

기업의 본질은 이윤 추구인가

사전에 나오는 기업의 정의는 "영리를 목적으로 재화나 서비스를 생산하고 판매하는 경제주체"로 되어 있는데요. 따라서 기업이란 두 가지 특징을 가진 조직이라는 겁니다. 하나는 이윤 추구(영리)가 목적이고 또 하나는 재화나 서비스를 공급한다는 특징을 띠고 있습니다. 그리고 생산과 판매 활동의 목적은 인간의 필요와 욕구를 충족시키는 데 있습니다. 기업의 본질을 이윤 추구와 고객의 욕구 충족의 두 가지로 이해하면 충분할까요? 이건 너무 단순한

---

*   유기체의 사전적인 정의가 "많은 부분이 일정한 목적 아래 조직되고 통일되어 각 부분과 전체가 필연적인 관계를 가지는 조직체"라고 되어 있습니다. 이 정의가 바로 기업 조직에 그대로 적용됩니다.

정의라고 생각됩니다. 우리가 기업의 본질을 이해하려면 이보다는 더 여러 측면에서 생각해봐야 합니다. 그러나 불변의 진리는 있습니다. 기업은 고객이 없으면 존재할 수 없습니다. 그래서 기업의 본질로 '고객의 욕구 충족'이 꼭 들어가야 할 것 같습니다. 그런데 이윤 추구가 과연 기업의 주목적일까요?

재무관리 책에 보면 기업의 목표는 '주주 부의 극대화'라고 되어 있습니다. 과연 그럴까요? 두 가지 문제를 제기할 수 있습니다. 기업의 여러 이해관계자 중에서 주주의 부만 극대화하면 되나요? 또 하나는 이윤의 극대화가 진정한 기업의 목적인가요? 먼저 후자부터 따져보겠습니다. 재무관리에서 주주의 부는 총주주수익율TSR이라고 해서 주가 상승과 배당의 합계로 표시됩니다. 요즘 국내에서도 기업의 '밸류업'을 많이 이야기하고 있습니다. 그때 사용하는 지표가 두 가지인데요. 하나는 주주환원율이라고 해서 기업의 배당과 자사주 매입에 쓴 돈을 순이익으로 나눈 지표와 총주주수익율입니다. 그런데 기업이 이익을 자사주 매입에 사용하는 것이 현명할까요? 기업이 얼마나 투자할 데가 없으면 이익으로 자사주를 매입할까요? 자사주를 많이 매입할수록 주주에게 유리하다는 것은 단견에 불과합니다. 지금 우리 경제에 성장 기회가 별로 없으니 발행 주식을 매입하자는 건가요? 밸류업이 엉뚱한 방향으로 갈 수 있습니다.

사실 비영리조직도 운영에서 잉여가 나와야 합니다. 비영리조직도 이윤이 나야 한다는 겁니다. 예를 들면 '아름다운가게'라는 비영리조직이 있지요. 물품을 기부받고 판 이익을 사회를 위해서 쓰는 사업모델을 가진 조직입니다. 이 조직도 인건비가 나가고 임차료도 나가고 영리조직과 비슷한 수입과 지출 구조를 가지고 있을 겁니다. 이런 비영리조직도 지출보다는 수입이 더 많아야 하겠지요. 말하자면 이윤 추구를 하는 겁니다. 다만 차이는 배당을 하지 않는다는 거지요. 영리조직과 비영리조직의 가장 큰 차이는 주주가 있느냐와 주주에게 배당하느냐의 차이입니다. 요즘 영리조직과 비영리조직의 경계가 애매해졌습니다. 사회적기업이라고 해서 주식회사인데도 주주의 이익보다는 사회에 대한 공헌을 우선시하는 영리조직도 있습니다. 이렇게 보면 이윤 추구는 기업의 본질이 아닙니다.

요즘 경제계에서 주주의 이익만 생각해서는 안 되고 여러 이해관계자를 같이 고려해야 한다는 철학이 더 주류로 등장하고 있습니다. 소위 주주 자본주의 대 이해관계자 자본주의 모형입니다. 그리고 ESG 경영도 사회적 가치, 환경보전, 기업의 지배구조를 기업 경영의 가장 중요한 판단 기준으로 제시하고 있지요. 그럼 ESG 경영과 밸류업(주주 이익의 극대화)이라는 두 가지 목표는 어떻게 조화를 이루어야 할까요? 간단한 문제는 아닙니다. 미국의 공화당 의원들이 ESG 경영이 주주의 이익을 해친다는 이유로 일부 기업을 고발한다고 합니다. 그러나 이런 움직임이 있다고 해서 기업의 ESG 경영이 크게 위축되지는 않을 것 같아요. 지구온난화를 줄이기 위한 저탄소 경제로의 전환은 여전히 필요합니다. '지속가능성sustain-ability'이라는 용어를 지구와 환경의 지속가능성으로 주로 생각하지만 사실은 모든 조직에 적용되는 개념입니다.

기업의 본질은 지속가능한 경쟁우위다

기업의 장기적인 지속이 주주 부의 극대화보다 더 중요합니다. 이익은 경영을 잘해서 나기도 하지만 일시적인 외부 요인에 의해서 날 수도 있습니다. 그런 일시적인 이익을 배당으로 또는 자사주 매입으로 써버린다면 기업의 장래에 필요한 투자는 어떻게 될까요? 또한 이익이 많이 나면 임직원에게 보너스도 많이 주어야 합니다. 동시에 부품과 소재 공급자들도 단가 인상을 요구하겠지요? 단기적인 이윤 극대화보다 더 중요한 것이 장기적인 수익성 확보입니다. 그러니까 기업의 목적은 '이윤 추구'에 있다기보다는 '지속가능한 경쟁우위'를 만들기에 있어야 하지 않을까요? 투자 기회가 많은 기업은 배당을 많이 할 수가 없습니다. 계속해서 투자해야 하니까요. 투자를 지속해서 장기적인 우위를 확보하면 결국 주주에게 이익이 돌아가겠지요. 아마존이나 쿠팡은 상당히 오랜 기간 이익이 나지 않고 계속 투자만 했습니다. 그래서 지속가능한 경쟁우위를 달성하게 되었습니다.

이윤은 기업의 생존을 위해서 꼭 필요한 조건임에는 틀림없습니다. 원래 완전경쟁시장에서는 기업이 초과이윤을 낼 수 없지요. 불완전경쟁시장(독과점이나 차별화가 가능한 독점적 경쟁 상황)에서 기업은 고객에게 경쟁사보다 더 매력적인 가치제안을 해서 초과이윤을 얻게 되고 이 초과이윤을 연구개발이나 다른 지적 자산 창출에 투자해서 지속가능한 경쟁우위를 만들어냅니다. 고객이 보는 가치 V가 가치제안의 가격 P보다 높아야 고객이 구매를 하며 기업은 이 제안(제품이나 서비스)을 생산하는 비용c이 가격보다 낮아야 이익을 내고 생존하게 됩니다. 이 부등식 가치v 〉 가격p 〉 비용c이 기업의 생존부등식입니다.

그렇다면 기업의 본질에 대한 생각을 좀 바꿔야 하지 않을까요? '영리(이윤 추구)를 목적으로 재화와 용역을 생산하는 경제조직'이 아니고 '지속가능한 경쟁우위를 바탕으로 고객의 욕구를 충족시키는 영리조직' 정도로요. 기업의 본질은 '고객의 욕구와 필요를 충족시키는 일'입니다. 그걸 못하면 기업은 문을 닫아야 하겠지요. 그걸 경쟁사보다 더 잘하면 초과이윤이 발생합니다. 그럼 기업은 그 초과이윤을 잘 투자해서 지속가능한 경쟁우위를 만들어야 합니다. 기업의 본질을 이렇게 보는 관점을 시장전략적 접근이라고 하겠습니다. 기업의 사업환경에서 고객과 경쟁을 가장 중요시하는 관점입니다. 마케팅 전략을 수립할 때 주로 사용하는 3C 분석이라는 것이 있습니다. 3C는 사업환경을 구성하는 핵심 3요소로 우리 회사corporation, 고객customer, 경쟁사competitor를 말합니다. 바로 이 3자의 관계를 우리 회사가 바람직하게 가져가야 기업의 생존을 위한 가장 중요한 조건이 충족됩니다. 기업이 장기적으로 생존하려면 고객의 신뢰를 얻고 동시에 시장경쟁에서 평균 이상의 성적을 내야 합니다.

기업을 '사람 모임'으로 보면 협력이 중요해진다

기업의 근본을 '사람들이 공동의 목적을 달성하기 위해서 협력하는 공동체'로 보는 접근이 있습니다. 이 글에서는 일단 영리조직을 염두에 두고 있지만 사실은 비영리조직에서 협회 또는 사단법인은 일정한 목적이나 관심사를 공유한 '사람들로 구성된 조직'입니다. 인간과 동물을 구별할 때 가장 중요한 인간의 능력이 협력입니다. 협력하려면 의사소통이 가능해야 하기 때문에 언어가 필수적입니다. 동물도 협력체가 있기는 하지만 인간처럼 많은 수가 복잡한 일에서 협력하는 동물은 드물다고 합니다. 기업을 '사람 공동체'로 보는 접근은 매우 중요한 의미가 있습니다. 이런 철학은 기업은 사람에서 시작한다는 전제를 바탕에 깔고 있으며 기업을 구성하는 여러 자원(돈, 설비, 지식, 기술 등) 중에서도 사람이 가장 중요하다는 시각인 셈입니다.

영리조직인 기업은 수평적으로 협력하기도 하고 위계를 통해서 수직적으로 협력하기도 합니다. 기업이 커지면서 위계가 생기고 조직이 수직적이 되면서 권력구조가 형성됩니다. 자원이 많은 조직은 힘이 있기 때문에 그 힘을 누가 갖고 행사하는가를 결정해야 합니다. 이러한 구조를 지배구조라고 부르며 대부분의 기업은 법인 제도를 채택하고 있지요. 법인은 정관, 대표이사, 이사회를 정점으로 권력구조를 형성합니다. 대표이사는 인사권과 현금배분권이 있기 때문에 기업 내에서 막강한 권력을 가지게 됩니다. 기업의 권력이 자본계층인 주주에게 있고 실제 일하는 다수의 근로자인 노동계층은 상대적으로 약하다는 관점이 마르크스적인 접근입니다. 기업을 자본과 노동의 대립구조로 보는 마르크스적인 접근은 기업을 권력관계로 보는 시각의 연장선상에 있는 셈입니다.

이 지배구조의 논의에서 한걸음 더 나아가면 기업에 대한 근본적인 시각 차이가 나타납니다. 주주 자본주의와 이해관계자 자본주의가 바로 그것입니다. 영미의 자본주의 제도는 기업의 주인은 주주라는 전제를 확실하게 하는 반면에 독일을 중심으로 한 유럽 대륙 국가의 접근은 주주와 사원을 거의 동등하게 봅니다. 그래서 기업의 이해관계자에 주주 이외에 사원, 지역사회, 고객, 공급업자 등을 포함하여 기업을 사회적 기관으로 봅니다. 이러한 두 시각 차이는 바로 자유 시장경제와 조정 시장경제라는 두 가지 자본주의 제도의 근본적인 차이입니다.

경제학적 관점에서 보면 기업의 생산성이 중요하다

기업을 보는 세 번째 시각은 기업을 자원의 묶음과 흐름으로 보는 경제학적 시각입니다. 자원은 좁게는 사람, 돈, 설비이며 넓게 보면 자재와 정보의 흐름까지 포함합니다. 자원을 투입해서 부가가치를 창출한다는 흐름 관점이 국내총생산GDP을 중심으로 국민 경제를 보는 시각이며 동시에 생산성 측정의 전제입니다. 경제학은 기업을 생산함수로 보고 기업의 본질을 부가가치 창출로 봅니다. 경제학에서는 기업 내에서 무슨 일이 일어나는지는 잘 모르고 인풋이 들어가서 아웃풋이 나오는 블랙박스로 봅니다. 그리고 경영학은 바로 그 블랙박스 속을 자세히 들여다보면서 무슨 일이 일어나는지를 이해하려고 하지요. 경제학에서 총요소생산성TFP이라는 개념이 있는데 투입으로 설명이 안 되는 산출의 증가량을 가리킵니다. 여기에는 기업이 일정 기간에 달성하는 모든 혁신과 효율성의 증가분이 잡히게 됩니다.

고객이 있기에 기업도 존재할 수 있는데 고객은 기업이 제공하는 가치제안이 마음에 들면 구매합니다. 경제학은 고객을 수요라는 개념으로 이해해서 넘어갑니다만 경영학은 고객의 욕구 충족을 매우 중요시합니다. 수요곡선은 수요가 가격에 반응한다는 전제로 그려지지만 사실 고객의 욕구는 훨씬 더 다양합니다. 경제학에서는 투입 대비 산출을 측정해서 기업과 경제의 생산성을 따지게 됩니다. 노동생산성과 투자수익율ROI 등 많은 지표가 기업의 효율성을 측정하는 데 사용되며 이런 부가가치의 합계가 국민총생산이 됩니다.

거래비용 이론도 기업을 보는 경제학의 한 흐름입니다. 기업을 시장의 대안으로 보는 접근 방법으로 시장의 불완전성 때문에 거래를 내부화한 관점입니다. 이 이론의 시발점으로 대개 로널드 코즈의 「기업의 본질」이라는 논문을 꼽습니다.[*] A라는 회사와 B라는 회사가 기술이전 계약을 한다고 가정해봅시다. A는 기술을 가지고 있고 B는 A의 기술을 활용해서 갑이라는 나라에서 사업을 하려고

---

[*]   Coase, R. H. (1937). The Nature of the Firm. Economica. Vol. 4, No. 16

합니다. A는 B가 이 기술을 활용해서 제품을 만들어 갑이라는 나라에서만 사업하기를 바라지만 B가 과연 미래에 그런 약속(계약)를 잘 지킬지 확신이 서지 않습니다. 그런 의구심 때문에 A가 B와 계약을 하지 않고 갑이라는 나라에 직접투자를 해서 사업을 하게 되면 시장이 내부화됩니다. 이처럼 거래비용 이론은 미래의 불확실성과 인간(기업)의 기회주의적 행동이 시장 불완전성의 주원인이며 이에 따라 기업이 확장한다고 설명합니다.

기업은 사회에 긍정적인 기여를 할 수 있어야 한다

사회가 기업에 사업을 할 공간을 주기 때문에 생존하고 번영하므로 기업이 사회에도 공헌해야 한다는 시각이 있습니다. 이 관점에 따르면 기업 활동 자체가 환경이나 노동 등 여러 경로를 통해서 사회에 영향을 미치므로 기업은 가능하면 사회에 악영향을 주지 않으면서 사업을 영위해야 합니다. 흔히 '기업의 사회적 책임'을 의미하는 기업의 사회적 책임CSR은 오랫동안 논의되던 개념인데 최근에는 ESG라고 해서 더 포괄적인 기업의 사회적 책임을 기대하고 있지요. 기업이 사회적이고 환경적인 관점에서 긍정적인 역할을 해야 할 뿐만 아니라 지배구조에서도 책임 있는 행동을 해야 한다는 주장입니다. ESG에서 G는 '지배구조governance'로 기업조직을 권력관계로 보는 시각을 포함하는 포괄적인 접근입니다.

특히 대기업이 되면 자원이 많아져서 사회의 기대가 커지게 됩니다. 웬만한 정부보다 자원과 지식이 더 많아지면 사회가 기업에

요구하는 게 당연히 많아지겠지요. 기업의 사회적 책임이나 ESG 경영은 기업이 성공하고 지속해서 성장할 때 자연스럽게 따라오지 않겠습니까? 기업이 설립된 지 얼마 안 되거나 생존이 보장되지 않을 때는 당연히 이익을 만들어서 '지속가능한 경쟁우위'를 만들기 위해 투자해야겠지요.

이처럼 기업의 본질은 지속가능성, 사람들이 협력하는 조직, 권력구조, 부가가치와 생산성, 시장의 대안(거래비용), 사회적 기관 등 다양한 시각에서 접근할 수 있습니다. 이 외에도 업종이나 산업의 특징도 기업의 본질을 규정하는 데 역할을 한다고 볼 수도 있습니다. 기업을 보는 여러 가지 관점은 어느 것이 맞고 틀린 것은 아닌 듯하고 우리에게는 통합적인 접근이 필요합니다. 필자는 이 중에서 두 가지 접근이 가장 기본이라고 생각합니다. 하나는 시장전략적 접근이고 또 하나는 사람 모임이라는 접근입니다. 기업은 일단 시장에서 성공해야 하는데 그러려면 구성원이 협력하고 몰입하는 조직이 만들어져야 합니다. 그러니까 기업경영의 본질은 고객의 욕구 충족, 지속가능한 경쟁우위 확보, 일이 행복한 조직문화 구축입니다.

기업의 본질에 관한 책은 시즌 1에서 드러커의 『경영의 실제』가 있고, 시즌 3에서 핸디의 『코끼리와 벼룩』이 있습니다. 또한 프라할라드의 『저소득층 시장』도 포함했습니다. 그 이유는 기업의 중요한 역할이 경제적으로 어려운 많은 사람을 일으켜 세우는 역할이기 때문입니다. 기업의 본질에 관한 책은 이번에는 그렇게 많지 않았는데 그 이유는 지배구조 이론은 주로 재무관리 책에서 다루고 있고 또 거래비용 이론도 경제학의 이론적인 논의의 대상이기 때문입니다. 그런데 최근 들어서 ESG에 관한 책이 많이 나왔습니다.

• 드러커의 『경영의 실제』(1954)

포드, IBM, 시어즈 같은 미국 대기업 연구를 통해서 경영이란 무엇이고 경영자가 하는 일이 무엇인지를 명쾌하게 제시한 드러커의 대표작입니다. 드러커는 이 책에서 기업경영에 대한 통합적인 접근의 틀을 제시하고 있습니다. 1954년에 나온 책이지만 이미 고객 중심주의와 기업의 사회적 책임을 주장할 만큼 미래를 보는 시야가 넓고 통찰력이 깊습니다. 드러커는 1939년대부터 60년이 넘게 저술 활동을 했고 실무도 많이 경험했지만 특히 미국에 건너온 후에 GM이나 IBM 같은 대기업을 직접 관찰하고 연구해서 경영관리를 체계화한 선구자였습니다. 드러커의 위대함은 그가 매우 폭넓게 여러 학문을 넘나들었으며 특히 사회 변화를 예리하게 분석하여 경영학을 학제적으로 그리고 종합적으로 정리한 데서 찾을 수 있겠습니다.

• 핸디의 『코끼리와 벼룩』(2016)

찰스 핸디는 원래 아일랜드 출생입니다만 일생을 거의 영국에서 일한 분입니다. 핸디는 대학 졸업 후 석유회사 셸Shell에서 오래 일했는데 1981년에 회사를 그만두고 프리랜서 작가이자 연사로 벼룩 생활을 시작했습니다. 이 책에서 프리랜서로 일한 지 20여 년만에 벼룩으로 살아가는 생각과 방법을 정리하고 있습니다. 저자는 일찍이 1981년에 앞으로 경제활동인구의 반 이상이 자영업자 내지는 프리랜서일 거라고 예측했다고 합니다. 피터 드러커가 핸디를 '천재적 통찰력'을 가진 분이라고 극찬했다고 하는데 미국의 경영학 책과는 다소 결이 다르다는 것을 느끼실 겁니다. 핸디는 기업이 무작정 성장하는 것이 아니라 어느 단계를 지나면 오히려 분할되거나 분화될 거라는 생각을 하고 있습니다.

이 책은 아일랜드의 시골 목사의 아들로 태어난 핸디가 본인의 어린 시절의 삶부터 조명하며 주장을 펼친다는 점에서 시즌 2에서 공부했던 윤석철 교수의 『삶의 정도』와도 접근 방식이 비슷합니다. 이 책의 주장을 정리하면 다음과 같습니다. 첫째, 앞으로 일하는 사람 중에서 대기업 소속의 사원보다는 프리랜서의 비중이 점차 더 늘어나게 된다. 둘째, 지금의 대기업은 일하는 사람들의 가치관이 변하고 환경의 불확실성이 더 커지기 때문에 관료형 피라미드 조직을 탈피해서 새로운 조직구조를 가져야 한다. 셋째, 이제 우리는 은퇴라는 말은 은퇴시키고 평생 일할 수 있는 준비를 해야 한다. 저자는 미래 코끼리의 도전으로 네 가지를 제시하고 답도 함께 제시합니다.

연방제 조직	대기업이면서 소기업적인 분위기를 유지하기
연금술사의 비결	창조성과 효율성을 동시에 달성하기
ESG 경영	성장과 사회적 수용도 동시에 달성하기
이해관계자 경영	주주와 아이디어 소유자(임직원)에게 충분히 보상하기

- 프라할라드의 『저소득층 시장을 공략하라』(2005)

이 책은 경영학 분야에서 찾기 힘든 빈곤층에 대한 책입니다. C. K. 프라할라드가 인도 출신의 학자이기 때문이기도 하지만 빈곤층을 다룬다는 점에서 획기적인 책입니다. 빈곤 문제를 접근하는 하나의 방법은 원조를 주는 거지요. 국제적으로는 개발원조ODA가 있고 국가 차원에서는 기초생활급여, 기초연금, 선진국에서의 복지 지원이 그 예입니다. 그런데 프라할라드는 다른 접근 방법을 제시하고 있습니다. 시장경제를 활용해서 빈곤을 퇴치할 수 있다고 합니다. 저소득층 소비자도 기업가 정신을 갖고 있어서 수익 창출에 대한 동기를 자극하면 빈곤을 탈출할 수 있다는 겁니다

근원적인 질문은 빈곤의 원인을 어떻게 보느냐입니다. 내가 가난한 게 내 탓이냐, 조상 탓이냐, 아니면 사회 탓이냐의 문제입니다. 이 책의 전제는 "가난한 나라도 시장을 제대로 작동시키면 부를 만들 수 있고 가난한 사람도 창의력을 가지고 노력을 하면 부자가 될 수 있다."입니다. 또한 전 세계의 빈곤계층 40억 명도 충분한 시장이 될 수 있다고 주장합니다. 이 책의 저소득층 공략 방법을 그대로 따라서 성장한 나라가 중국일 것 같아요. 사실 지난 40년간

세계 빈곤층의 감소에 가장 큰 기여를 한 나라가 중국이지요. 중국의 14억 인구 중에서 절대빈곤층은 이제 거의 없어졌고 지난 40년간 6억 명 이상이 빈곤을 탈출했다고 합니다. 중국의 가난을 줄인 것이 바로 시장이고 특히 중국의 민간기업입니다. 이 책에서는 서구의 다국적기업 위주로 이야기하고 있습니다. 그런데 중국의 중소기업이야말로 바로 저소득층에 대한 지배적 논리를 깨고 사업을 한 셈입니다. 그런 점에서 프라할라드가 후진국의 현지 기업의 잠재력을 과소평가하지 않았나 하는 생각이 듭니다.

2. (경영 고전) 『코끼리와 벼룩』

: '코끼리'에 중독되지 않고 '벼룩'으로 산다

찰스 핸디는 누구인가

찰스 핸디는 옥스퍼드대학교 졸업 후 다국적 석유회사 셸에 입사하여 마케팅 임원을 지냈습니다. MIT 경영대학원 펠로fellow를 거쳐 런던경영대학원에서 가르치며 MBA 과정을 설립했습니다. 이후 영국의 싱크탱크 역할을 하는 세인트조지하우스 소장과 왕립예술학회장을 역임했습니다.

여러분은 언제까지 지금 회사에서 근무하실 건가요? 60세? 65세? 물론 자신의 회사라면 평생 근무할 수 있겠지만 그런 분들은 많지 않죠. 결국 언젠가는 은퇴할 것인데요. 그 이후에는 어떻게 살아가실 건가요? 연금으로? 아니면 뒤늦게 자영업을 시작하실 건가요? 미래를 생각하면 가슴이 답답해지기도 합니다. 이럴 때 현자의 조언이 절실합니다. '영국의 피터 드러커'라 불리는 찰스 핸디는 어떻

찰스 핸디(Charles Handy, 1932~)

게 했는지 살펴보고자 합니다. 핸디는 다국적 기업의 임원으로, 그 다음엔 교수와 저술가로 살고 있는데 2001년 '싱커스 50'에서 피터 드러커에 이어 2위에 오를 만큼 석학으로 인정받았습니다.

벼룩이 되려면 자신을 알아야 한다

1981년 49번째 생일을 맞이한 찰스는 2000년에는 종신계약으로 근무하는 사람이 전체 노동인구의 절반도 되지 않을 것으로 예측했습니다. 나머지 절반 이상은 자영업자, 임시직 같은 기간제 노동자, 파트타임 같은 시간제 노동자, 그리고 실업자가 될 것이라고 내다봤죠. 당시에는 말도 안 되는 소리라며 비웃음을 샀지만 결과는 어땠을까요? 2000년에는 종신계약을 맺고 전일제로 일하는 노동인구 비율이 40%로 떨어졌습니다. 평생 고용의 개념이 사라지고 있는 것입니다. 저자는 대기업을 코끼리에 비유했습니다. 그리고 자신은 코끼리에 종속되지 않고 혼자 힘으로 살 수 있는 벼룩이 되겠다고 결심했죠. 여기서 벼룩은 프리랜서를 지칭합니다. 저자는 벼룩이 되기 위해서는 무엇보다 자신을 잘 알아야 한다고 말합니다. 그래야 프리랜서로서 잘할 수 있는 일을 정할 수 있다고 합니다.

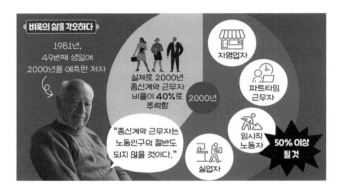

자신을 잘 알기 위해서는 과거를 들여다봐야 한다고 합니다. 저자는 자신이 목사 집안에서 태어나 성장했기에 진실을 추구하고 사람을 곧이곧대로 믿는 성향이 있다는 것을 알았다고 합니다. 그리고 이러한 성향으로 인해 사람을 관리하는 역할이 맞지 않는다는 것을 깨달았다고 합니다. 그래서 연구하고 가르치고 글을 쓰는 삶을 선택했다고 하네요. 물론 쉽지 않았습니다. 그는 독립한 첫해에 연말 파티 초청장을 거의 받지 못하자 상실감에 빠졌습니다. 아예 초청장을 못 받는 것보다는 초청을 받고서 파티에 갈까 말까 망설이는 게 더 낫겠다고 후회했다고 합니다. 그는 '사회적 배제에 의한 죽음'까지도 생각했습니다. 여기서 벗어나기 위해 열정을 찾아야 한다는 것을 깨닫습니다. 하지만 이게 쉽지 않았습니다.

"대부분의 사람은 자신이 되고 싶은 것, 하고 싶은 것, 창조하고 싶은 것에 대한 꿈이 있습니다. 하지만 그것이 '부자가 되고 싶다.' '아이를 많이 낳고 싶다.' '행복해지고 싶다.'처럼 막연하다면 그것은 꿈이기보다는 희망에 가깝습니다. 열정은 막연한 희망으로부터 생겨나지 않습니다."

아직 자신의 열정을 발견하지 못한 사람에게 핸디는 이렇게 조언합니다.

"실험해보세요. 마음에 드는 것은 뭐든지 해보세요. 하지만 그것이 하나의 열정으로 성숙할 때까지 그것을 당신 인생의 중심으로 여기지 마세요. 그렇다면 그것은 오래가지 못할 것입니다."

그 사람의 미래를 보장하는 것은 그의 최근 일이나 프로젝트뿐이라는 사실도 깨닫습니다. 과거의 명성이나 경력은 아무런 보장이 되지 못하는 것입니다. 그래서 그는 집필 활동에 몰두하기로 결심합니다.

코끼리의 운영 방식이 변하고 있다

시대의 흐름에 따라 코끼리 같은 대기업의 조직 운영 방식도 바뀌어야 합니다. 저자는 거대 조직이 유연성을 갖추기 위해 핵심인력, 계약관계인력, 비상근인력 근로자가 3분의 1씩 구성된 '삼엽조직shamrock organization'으로 나아가야 한다고 주장합니다.

그가 아는 한 다국적기업 대표도 이렇게 말했습니다.

"5년 안에 핵심 직원을 절반으로 줄여라. 남은 인원이 두 배 더 열심히 일해서 두 배 더 보수를 받고 기존 가치의 세 배를 생산하게 만들어라. 그러면 승리한다."

실제로 1980년대 이후 많은 대기업이 인수합병을 통해 몸집을 불리면서 동시에 조직원을 감축하는 모습을 보였습니다. 그리고 조직 체계는 피라미드형에서 항공망 같은 형태로 변화합니다. 항공망 지도를 보면 중심축과 집합점을 연결해 거미줄처럼 구성되어 있습니다. 이러한 형태로 조직이 변화한 것입니다.

항공망 지도에서 색이 다른 선은 항공연맹에 소속된 두 항공사가 특정 노선을 하나의 비행기로 운항하는 공동운항(코드셰어)을 의미합니다. 예를 들어 대한항공이 델타항공의 비행기 좌석을 구입해 판매하는 방식으로 운항하는 항공 노선이 있습니다. 기업의 세계에서 이는 파트너 회사를 의미합니다. 이에 따라 명령조의 언어가 계약과 협상의 언어로 바뀌고 회사는 인간 부품으로 이루어진 기계가 아니라 개별적인 야망을 가진 개인들의 공동체로 인식됩니다.

네 가지 도전과제를 해결해야 한다

미래 코끼리는 어떻해야 할까요? 저자는 다음의 네 가지 도전과제를 헤쳐나가야 한다고 말합니다.

도전과제 1	기업의 규모를 계속 키우면서도 소기업적 분위기와 개인적 분위기를 유지해야 합니다. 각양각색의 파트너 회사들과 엮어서 공생하는 일종의 연방체가 돼야 한다는 것이죠.
도전과제 2	효율성과 창조성을 융합해야 합니다. 저자는 무에서 유를 창조한 벼룩들을 끌어들이거나 양성하라고 조언합니다. 이런 사람들은 열정적이고 끈질기며 남들과 다른 시각으로 사물을 보기 때문에 아이디어를 과감하게 추진할 수 있다고 합니다.
도전과제 3	번영을 이루면서도 사회적으로 받아들여져야 합니다. 코끼리의 덩치가 커질수록 보는 눈이 많아지기 때문에 착한 기업이 돼야 한다는 것입니다. 약간의 자선 행위만으로는 부족합니다. 근본적으로 돈을 정당한 방식으로 벌어야 합니다.
도전과제 4	회사의 주주뿐만 아니라 회사를 움직이는 아이디어, 기술, 지식의 소유자에게도 충분히 보상해야 합니다. 앞으론 이런 지적 재산의 소유자들이 이익의 일정 비율을 보장하는 수수료나 로열티를 요구하게 될 것이라고 합니다.

네 가지 도전과제를 설명하기 위해 다양한 사례를 제시합니다. 그중 디자이너이자 레스토랑 경영주로 저명한 테런스 콘란 경의 이야기가 흥미롭습니다.

"테런스는 처음부터 부자가 아니었습니다. 런던에 거주하는 빈털터리 청년이었던 테런스는 친구 한 명과 함께 자신들처럼 가난한 젊은이들이 외식할 수 있는 저가 음식점을 운영하기로 결심했습니다. 영국 음식의 수준이 형편없었던 1950년대의 일이죠. 테런스는 식당업의 요령을 익히기 위해 파리로 가서 어느 식당의 접시닦이로 일했습니다. 얼마 후 파리로 돌아와 친구에게 이렇게 말했습니다. '만고불변의 진리를 하나 발견했어. 그건 주방장들이 하나같이 개XX라는 거야!' 그들은 제3의 눈으로 사태를 명확히 파악하고 주방장 없는 식당을 개업하기로 했습니다. 그리하여 테런스 콘란 경의 첫 번째 식당 '수프 키친'이 탄생합니다. 이 식당은 거대한 수프 가마가 늘 설설 끓고 있는 가운데 단 두 명뿐인 종업원이 프랑스식 빵과 당시 런던에서 두 번째로 도입된 에스프레소 커피메이커에서 뽑은 커피를 내놓았답니다."

실제 이렇게 변신한 기업도 꽤 있습니다. 브라질의 소프트웨어 개발사 셈코를 아시나요? 이 회사는 직원들에게 정액 급여, 로열티, 수수료, 주식 옵션, 목표 달성 보너스 등 열한 가지의 서로 다른 보수 조건을 선택하게 합니다. 2,350명의 직원을 고용하고 있는 셈코는 실은 벼룩들의 느슨한 연방체입니다. 본부는 벤처자본가vc, 컨설턴트 등의 개념을 뒤섞어놓은 기능을 담당하고 있습니다. 이

것이 바로 미래 코끼리의 모습입니다.

아버지의 장례식에서 큰 깨우침을 얻다

핸디의 아버지는 시골 목사로서 평범한 생을 살았습니다. 핸디는 아버지가 돌아가셨다는 소식을 파리의 비즈니스 회의에 참석 중에 들었습니다. 당시 그는 런던경영대학원의 교수로서 일정표가 빽빽한 성공적인 삶을 살고 있었습니다. 아버지를 좋아하기는 했지만 대도시의 목사직을 거절하고 시골에서 평범하고 따분한 생활을 하는 아버지에게 실망했습니다. 그런데 장례식에 참석한 추모인들의 열기로 운구 행렬이 나아갈 수 없는 모습을 보고 또 진심을 담아 눈물을 흘리는 사람을 보며 아버지의 삶을 다시 보게 됩니다. 그러면서 인생의 목적의식에 대해 생각합니다. 인생의 목적의식이야말로 열정을 되살리고 인생을 계획적으로 살아가는 데 필수불가결한 요소라는 것을 깨닫게 됩니다.

인생의 목적과 인간의 본질을 생각하라

핸디는 신혼 때 아내와 나눈 대화를 아직도 기억합니다. 당시 그는 셸 런던 본사에서 근무하면서 관리자들을 교육하는 일을 담당하고 있었습니다.

"여보, 당신은 지금 하고 있는 일들이 자랑스러워요?" 어느 날 저녁 아내가 물었습니다.

"좋아, 그런대로."

"함께 일하는 사람들은 어때요? 특별한 사람들이에요?"

"좋아, 그런대로."

"그럼 당신 회사 셸은 좋은 일을 하는 좋은 회사인가요?"

"응, 좋아. 그런대로."

아내는 그를 뻔히 쳐다보더니 이렇게 말했습니다.

"나는 '좋아, 그런대로'의 태도를 가진 사람과 한평생을 보내고 싶지는 않아요."

그것은 일종의 최후통첩이었고 찰스는 그다음 달 셸에 사표를 냈습니다. 하지만 그 대화는 언제나 그의 귓가에서 맴돌았습니다. 그는 아내의 지적에 동의하며 다음과 같이 강조합니다.

"'좋아. 그런대로.'만으로는 충분하지 않다. 우리의 삶은 단 한 번뿐이고 그 삶을 영위하면서 그저 근근이 견디는 것만으로는 충분하지 않다. 그렇다면 무엇을 해야 할까? 결국 인생의 목적은 무엇일까? 그 질문은 여전히 나를 따라다니는 화두다."

미국의 MBA 교육 시스템을 런던경영대학원에 접목할 무렵의 일화도 흥미롭습니다. 첫 수업 시간에 책상에 『경영회계』와 소포클레스의 『안티고네』라는 두 가지 텍스트를 놓고 이렇게 말했습니다. "소포클레스 희곡의 중심 주제인 가치, 신념, 정서 등은 경영관리자가 자주 보는 회계 숫자만큼 중요합니다. 그런 주제는 위대한 문학에서 가장 잘 탐구할 수 있습니다. 이런 과정을 통해 모든 조직의 핵심부에 자리 잡고 있는 인간의 문제를 다룰 수 있습니다."

인생의 모든 선택에는 대가가 따른다

벼룩의 삶을 미리 살아본 찰스 핸디의 조언을 놓치면 안 됩니다. 그는 이렇게 말합니다. "남보다 더 잘하려고 하지 말고 남들과 다르게 하라." 경영서를 쓰고 싶었던 그는 경쟁자들이 쓴 책을 모조리 읽어 치우는 일부터 시작했는데요. 그 결과 읽기가 너무 따분하다는 것을 알았습니다. 그는 기존 경영서들과 다른 책을 쓰기 위해 역사책, 전기, 소설 등을 읽었습니다. 새로운 통찰과 아이디어를 얻으려면 자신의 전문 지식 분야에서 과감히 벗어나야 한다는 것을 알았습니다.

처음에 벼룩이 됐을 때는 외톨이가 됐다는 생각도 들었답니다. 어딘가에 속하고 싶은 마음과 자유롭고 싶은 마음 사이의 갈등은 결코 사라지지 않는다고 합니다. 인생의 모든 것에는 대가가 따른다고 합니다. 하지만 벼룩의 삶이 주는 자유는 대가를 치르고도 남는다는 말은 듣는 이의 가슴을 울립니다. 과거에는 은퇴 후 죽음까지 단지 몇 년이었는데 오늘날에는 그 기간이 수십 년으로 늘었습니다. 누구나 언젠가는 벼룩으로 살 수밖에 없다는 말이죠. 현자의 말에 더욱 귀를 기울여야 하는 이유입니다.

* 더 생각해볼 것들!

프리랜서가 늘고 대기업의 조직이 바뀐다

정구현 이 책의 요지는 다음의 세 가지입니다.

첫째, 앞으로 일하는 사람 중에서 대기업 소속의 사원보다는 프리랜서 비중이 점차 더 늘어날 것이다. 둘째, 지금은 일하는 사람들의 가치관이 변하고 환경의 불확실성이 커지고 있기 때문에 대기업은 관료형 피라미드 조직을 탈피해서 새로운 조직구조를 가져야 할 것이다. 셋째, 이제 우리는 은퇴라는 말은 은퇴시키고 평생 일할 수 있는 준비를 해야 한다. 이 메시지는 대기업뿐만 아니라 우리 개개인에게도 상당히 중요합니다.

경영학을 배우지 말고 인문학을 배워라

정구현 이 책에는 참 재미있는 표현들이 많습니다. 두 가지만 예를 들겠습니다. 저자는 "내가 MIT 경영대학원에서 배운 것이 있다면 그 학교에 갈 필요가 없었다는 사실뿐이다."라고 말합니다. 뒤에 사족으로 경영학은 상식을 학술적 이론으로 격상한 것일 뿐이라고 혹평하지요. 그러면서 창의적 사고를 위해서 문학과 역사 등 인문학 책을 많이 볼 것을 권장합니다. "지난 1,000년간 영국 역사에서 가장 위대한 사람이 누구일까?"라는 질문에서 셰익스피어가

1등을 차지한 것도 같은 맥락일 것입니다.

한편 저자는 "탄자니아와 골드만삭스의 차이는 무엇인가? 탄자니아는 연간 22억 달러를 벌어서 2,500만 인구가 먹고살고 골드만삭스는 연간 22억 달러를 벌어서 임직원 161명이 나눠 먹는다."라고 꼬집어 말합니다. 지금의 자본주의, 특히 미국 자본주의의 극심한 빈부격차를 지적하는 말입니다. 그러면서 저자는 미국식 '경쟁적 개인주의'가 아니고 '다양한 개인주의'로 전환함으로써 '너도 살고 나도 사는' 생활 방식을 제안하고 있습니다.

3장
이기는 전략은 무엇인가

『기업가 정신』

『전략 사파리』

『브랜드 자산의
전략적 경영』

『갈등의 전략』

지속가능한 경쟁우위를 가져야 한다

기업의 본질은 시장경쟁에서 지속가능한 경쟁우위를 갖는 데 있습니다. 정부기관이나 공공기관은 경쟁이 의무가 아니라 서비스만 제대로 제공하면 됩니다. 공공기관이 허가하거나 자격증을 부여하는 일을 할 때는 큰소리를 치거나 권력을 행사할 수도 있겠지요. 민간기업은 대부분 그런 독점력이 없습니다. 예외는 있지만 경쟁에 직면해 있습니다. 입찰과 같이 경쟁에서 일을 따내는 경우도 있고 마트 판매대에서 소비자의 선택을 받아야 합니다. 작은 편의점에도 여러 브랜드의 우유가 진열되어 있지요. 소비자가 어느 우유를 바구니에 넣을까요? 시장의 전제조건은 기업 간 경쟁이며 기업이 성공하려면 시장경쟁에서 중간 이상 가야 합니다. 다시 말하면, 업계 평균을 넘는 수익을 내야 기업이 지속할 수 있습니다. 그러면 어떻게 해야 시장경쟁에서 살아남을 수 있을까요?

경쟁의 양상은 복잡합니다. 산업조직론에서는 경쟁 형태를 독점, 과점, 독점적 경쟁, 완전경쟁의 네 가지로 나눕니다. 완전독점은 드물고 대부분의 시장은 과점과 독점적 경쟁입니다. 과점은 경쟁자 수가 10개 이내의 소수인 경우이고 독점적 경쟁은 경쟁자 수가 수십 개 내지 수백 개지만 차별화가 가능한 시장을 말합니다. 많은 산업이 과점입니다. 철강, 정유, 자동차, 석유화학 등 중화학 산업은 국내에 경쟁사가 5개 이내입니다. 물론 이것은 경쟁자를 국내로만 한정했을 때 이야기고 수입을 생각하면 경쟁자 수가 더 많아지겠지요.

기업경영은 사업모델과 운영효율로 양분화할 수 있습니다. 사업모델은 다시 가치제안과 수익창출(가치획득)로 구분할 수 있겠습니다. 가치제안은 회사가 고객에게 제시하는 복합적인 효용일 텐데요. 그것은 가성비일 수도 있고 또는 고객이 우리 회사의 제안에서 느끼는 다양한 매력, 즉 차별화 포인트입니다. 그리고 고객이 이 가치제안을 받아들이면 매출이 발생하고 수익이 창출됩니다. 그런데 기업은 그런 가치제안을 하려면 여러 활동을 효율적으로 해야 합니다. 물론 고객은 가치제안 자체가 매력일 수도 있겠으나 그런 제안을 지속하려면 조달, 생산, 마케팅 활동이 경쟁력이 있어야 하겠습니다. 그러한 공급망 전체를 '운영'이라고 부른다면 기업은 운영에서 경쟁력, 즉 경제성을 달성해야 합니다. 사업 운영의 경쟁력은 다음과 같은 방법으로 달성할 수 있겠습니다.

규모와 범위의 경제로 시너지를 창출한다

어떤 시장에서 경쟁은 기본적으로 가격과 차별화의 두 가지 중에서 하나 또는 둘의 조화로 이루어집니다. 아마도 가장 확실한 경쟁우위는 원가우위일 것 같습니다. 원가우위를 달성하는 방법도 여러 가지입니다. 그중 하나가 규모의 경제입니다. 앞에서 언급한 중화학 산업은 대개 규모의 경제가 있기 때문에 경쟁자 수가 제한됩니다. 예를 들면 자동차 산업은 대개 공장 규모가 연산 30만 대는 되어야 최저 적정 규모를 달성할 수 있다고 합니다. 국내 시장 규모가 연간 150만 대 정도라면 공장이 5개 정도면 충분하겠지요? 새로 시장에 진입하려는 기업은 짧은 시간에 그런 규모를 만들기 어렵기 때문에 시장 진입이 어렵게 됩니다. 바로 규모가 진입장벽이 되는 겁니다.

화장품이나 제약처럼 경쟁자 수가 수백 개 내지는 1,000개가 넘는 산업은 생산에서 규모의 경제가 작용하지 않습니다. 화장품 생산은 요즘은 생산전문회사에 외주를 주면 되니까 규모의 경제로 원가우위를 달성할 수 없고 어떻게든 차별화해야 합니다. 화장품은 용도나 고객이 다양해서 차별화할 요인이 많을 수 있겠지만 과연 그런 차별화 포인트를 어떻게 고객에게 전달할지는 쉽지 않겠습니다. SNS가 보편화되어서 다양한 니즈를 가진 고객에게 접근할 수 있어서 아주 작은 회사들도 시장에 쉽게 진입하고 있습니다. 과거에 시장을 주도하던 대기업들이 쉽게 시장에서 밀려나기도 합니다.

경영학 책에서는 경쟁우위를 확보하는 두 가지 방안으로 규모scale와 범위scope를 언급합니다. 챈들러의 저서 『규모와 범위』 (1990)가 유명한데요. 여기서 '범위의 경제'란 사업 다각화에서 오는 이점으로 우리가 흔히 '시너지'라고 부르는 것입니다. 보통 지식이나 시설을 공유해서 나오는 이점인데요. 예를 들면 정밀화학 분야의 지식이나 기술은 화장품이나 의약품이나 다른 여러 산업에 응용이 가능합니다. 그런 식으로 어떤 기초 지식이나 기술을 활용해서 여러 산업에 진출할 수 있다면 범위의 경제가 있다고 말합니다.

요즘 전통적인 제조업은 오히려 업종을 전문화하는 반면에 빅테크들은 업종을 다각화하고 있습니다. 서적 유통으로 사업을 시작한 아마존이 요즘 안 하는 사업이 없을 정도로 업종을 다각화했습니다. 중국의 알리바바는 유통업을 하다가 금융업에 진출했습니다. 카카오도 소셜 플랫폼을 하다가 유통과 금융업으로 업종을 확대했습니다. 여기에도 범위의 경제가 있는데 그건 바로 고객 데이터입니다. 고객 데이터를 확보하고 잘 정리하여 이를 기반으로 사업을 다각화하고 있습니다. 고객 데이터는 디지털 시대에 새로운 형태의 강력한 시너지 기반 자원이 됩니다.

네트워크 경제를 통해 시장 선점 효과를 누린다

속도 말고 또 중요한 경쟁우위 요인은 네트워크 경제입니다. 네트워크 경제는 원래 통신망에서 나온 개념으로 n명의 가입자가 있으면 연결선의 수가 $n(n-1)$이 되는 현상입니다. 말하자면 네트워크 효과가 기하급수적으로 늘어나는 겁니다. 이 개념은 플랫폼에서 더 강하게 나타납니다. 전자상거래 같은 온라인 플랫폼을 생각해보세요. 쿠팡같이 소비자와 생산자를 연결하는 플랫폼은 가입자 수가 늘면 생산자도 늘겠지요. 이런 양면 플랫폼은 '교차적 네트워크 효과'까지 나타납니다. 그러니 초기에 수익을 생각하지 않고 가입자 수를 극대화하는 전략을 채택하게 됩니다. 이렇게 시장을 선점하게 되면 소비자는 다른 플랫폼으로 이동할 이유가 별로 없습니다. 엄청난 시장 선점 효과로 이를 '싱글호밍single homing' 현상이라고도 합니다. 전자상거래는 이렇게 보면 네트워크 효과와 속도가 모두 작용해서 경쟁우위를 만든 겁니다.

철도, 가스, 전력 등 네트워크 산업에 대해서 정부가 직접적인 사전규제를 하는 까닭이 자연독점적 성격 때문인데요. 이와 마찬가지로 강력한 네트워크 효과, 규모의 경제, 데이터에서 파생되는 범위의 경제, 소비자의 싱글호밍 경향, 그리고 이들의 융합이라는 독특한 구조적 특성 때문에 디지털 플랫폼 시장은 독점될 가능성이 있습니다.

전 세계 검색 시장에서 구글의 시장점유율이 90%가 넘는다고 합니다. 이건 독점입니다. 그래서 2024년에 미국의 법원이 구글을 독점기업으로 판정했습니다. 너무나 성공적이었기 때문이죠. 사실 지금 빅테크는 망과 네트워크 효과로 시장을 선점해서 독점적인 시장 위치를 점하고 있습니다. 유럽연합은 2023년 5월에 '디지털 플랫폼법DMA, Digital Market Act'을 제정하고 처음에 6개의 빅테크를 규제대상으로 확정했습니다. 구글, 애플, 아마존, 마이크로소프트, 메타(구 페이스북), 틱톡입니다. 그러니까 챈들러 시대 또는 산업화 시대의 경쟁우위 요인이었던 규모와 범위의 위력은 약해지고 이제는 네트워크 효과를 통한 시장 선점이 핵심이 됐습니다. 그런 점에서 시장경쟁의 양상은 2010년 이후에 크게 변했다고 하겠습니다.

브랜드와 특허는 고객들의 반복 구매를 가져온다

기업의 지속가능한 경쟁우위는 고객들의 반복 구매로 나타납니다. 내가 매일 켈로그 시리얼을 아침식사로 먹는다고 하면 켈로그 시리얼에 대한 브랜드 충성도가 있는 셈인데요. 어떻게 해서 이런 습관적인 구매 행동을 하게 됐을까요? 이 제품이 계속해서 만족을 주기 때문이겠지요? 그렇게 되기까지는 제품 자체, 유통, 광고 등 여러 마케팅믹스가 작용했겠지요? 또 다른 예로 내가 승용차는 계속 현대차만 산다고 한다면 품질, 디자인, 가격, 유지보수, 이미지 등에서 복합적인 만족을 주기 때문입니다. 그러니까 브랜드 충성도는 기업의 많은 운영 활동의 결과로 회사나 제품에 대해서 고객이 지속해서 신뢰하기 때문에 형성됩니다. 아래 소개하는 아커의 책『브랜드 자산의 전략적 경영』에서 "기업의 브랜드 자본은 고객의 반복 구매로 나타나는데 이는 고객이 그 브랜드를 기억하며 고객가치가 높다고 믿는 상태에서 나온다."라고 되어 있습니다. 이런 점에서 브랜드 파워는 기업에 지속가능한 경쟁우위를 가져다주는 요인이라고 하겠습니다. 마찬가지로 규모의 경제, 시너지, 네트워크 효과도 지속가능한 경쟁우위 요인이라고 하겠습니다.

앞에서 기업이 달성하려는 목표가 지속가능한 경쟁우위라고 했는데요. 이런 지속가능한 경쟁우위의 하나가 특허입니다. 기술혁신을 통해서 특허를 받으면 법에 따라 그 우위가 상당 기간 보호를 받지요. 혁신을 제도화한 것이 특허인데 그런 점에서 특허와 브랜드는 비슷한 성질을 가지고 있습니다. 경쟁우위가 지속되게 하는 도구인 셈이지요.

혁신과 학습을 통해 정체되지 않고 전진한다

기업이 지속가능한 경쟁우위를 바탕으로 구조적으로 유리한 시장 위치를 점하면 좋겠지요. 여러 산업에서 이런 시장 위치를 가진 기업이 많습니다. 그런 기업은 변화를 원치 않고 현상 유지를 원할 것 같습니다. 예를 들면 어떤 시장에서 5개의 공급업체가 카르텔을 만들어 돌아가면서 시장을 나눠 먹고 있다고 하면 어떨까요? 이런 카르텔이 지속된다면 해당 회사들은 편하게 지낼 수 있을 겁니다. 물론 카르텔은 불법이므로 언젠가는 공정거래위원회의 제재를 받게 되겠지요. 그러나 실제로는 이런 정체된 시장이 상당히 많을 겁니다. 반면 경쟁이 치열한 시장에서는 이렇게 가만히 있어서는 뒤떨어지겠지요.

경쟁이 치열한 시장에서 기업이 경쟁우위를 확보하는 가장 확실한 방법은 혁신입니다. 말하자면 차별화의 가장 확실한 수단이 혁신입니다. 혁신은 기술 혁신뿐만이 아니라 사업모델 혁신과 마케팅 혁신을 모두 포함합니다. 예를 들면 스타벅스는 커피라는 아주 오래된 제품을 바탕으로 세계적인 기업이 되었습니다. 스타벅스의 혁신의 내용은 무엇이었나요? '커피 마시는 공간'이라는 새로운 개념을 만든 거지요. 원래 이탈리아에 있는 카페를 모델로 해서 여러 가지 혁신을 통해 세계적인 회사가 되었습니다. 사업모델의 혁신이라고 할 수도 있고 새로운 개념의 커피숍을 실행한 것이라고도 하겠습니다.

물론 기술개발을 통한 혁신도 강력한 방법입니다. 예를 들면 반도체, 전기차, 배터리, 인공지능 등 요즘 빅테크들은 혁신이 체질화되어 있습니다. 제약회사 간의 경쟁도 점차 더 혁신적인 제품의 개발로 집약되고 있습니다. 일라이릴리Eli Lilly라는 미국의 제약회사는 시가총액이 세계 10위 안에 들 정도입니다. 혁신이 기업경영에서 가장 중요한 화두가 된 것은 정보혁명 때문일 것 같네요. 1990년대 초 이후, 특히 2007년 이후에 스티브 잡스, 빌 게이츠, 제프 베이조스, 일론 머스크 등 비전 있는 혁신가들이 세계 경제를 주도해 왔습니다. 이게 4차 산업혁명입니다.

지금까지 논의를 정리해보면 시장경쟁에서 이기는 방법은 규모, 범위, 네트워크, 브랜드라는 네 개의 구조적인 경쟁우위와 혁신이라는 하나의 동태적인 요인이 있습니다. 그런데 지금 잘나가는 빅테크들은 이 다섯 가지 수단을 모두 동원하고 있습니다. 2012년 이후 계속 세계 시가총액 10위 안에 8개 정도의 빅테크가 들어 있습니다. 최근 순위에는 애플, 마이크로소프트, 알파벳, 아마존, 메타, 엔비디아, TSMC, 일라이릴리가 포함되어 있습니다. 나머지 두 개는 투자회사(버크셔해서웨이)와 정유회사(사우디아람코)이고 그다음에는 노보노디스크와 브로드컴, 테슬라가 눈에 들어옵니다. 20세기에 우리에게 익숙했던 대기업인 GM, GE, 포드, 뒤퐁, IBM 등은 어디로 갔나요? 세계 경제의 판도가 20년 사이에 뒤집힌 겁니다. 시장경쟁에서 이기는 수단이 과거의 규모, 범위, 브랜드에서 이제는 데이터, 네트워크 경제, 혁신으로 바뀌면서 이 모든 것을 다 잘하는 엄청난 혁신기업들이 세계 경제를 주도하고 있습니다. 지금 시대 기업경영의 최대 화두는 바로 이들 빅테크라고 하겠습니다.

36권의 책 중에서 경영전략을 주제로 한 책이 6권 정도 됩니다. 시즌 1에서 포터의 『경쟁전략』, 시즌 2에서 루멜트의 『전략의 적은 전략이다』에 이어서 시즌 3에서는 드러커의 『기업가 정신』, 민츠버그의 『전략 사파리』, 아커의 『브랜드 자산과 전략적 관리』가 있습니다.

• 포터의 『경쟁전략』(1980)

산업조직론을 원용하여 시장경쟁의 프레임을 제시한 책으로 1980년대 이후 경영전략 분야에서 가장 주목할 만한 책임에는 틀림없습니다. 마이클 포터는 경영전략 분야에서 이제는 상식이 된 많은 개념과 분석 틀을 제시해서 이 분야의 발전에 크게 기여했습니다. 경쟁우위의 유형(원가, 차별화, 집중화), 산업분석틀(5가지 경쟁

모델), 가치사슬 등이 그 예입니다. 특히 포터는 기업의 전략 수립에서 산업의 특징과 경쟁사의 유형을 구체적으로 고려하는 접근 방법을 제시했으나 포터류의 산업조직론적 접근은 조직이나 리더십과 같은 기업 내부의 상황을 외면한 데 한계가 있습니다. 장기적으로 우수한 성과를 내는 기업을 보면 조직과 기업 문화의 영향이 매우 큰데도 경제학적 접근은 기업 내부의 상황을 기본적으로 블랙박스로 보는 결정적인 약점을 가지고 있지요.

• 루멜트의 『좋은 전략, 나쁜 전략』(2011)

루멜트는 UCLA 경영대 교수를 지낸 분입니다. 이 책을 읽다 보면 저자가 정말 많은 회사와 조직의 컨설팅을 한 것을 알 수 있습니다. 기업뿐만이 아니라 미국 국방부나 정부기관에서도 자문을 많이 했고요. 워낙 컨설팅 경험이 많기 때문인지 이 책에는 수십 개의 회사 사례가 언급됩니다. 전략 책이면 대개 전략의 개념에 관한 그림이라든가 또는 어떤 분석 틀이나 아니면 구체적인 기법이 소개되기 마련인데요. 이 책에는 그런 게 거의 없습니다. 저자는 경영전략에 대한 접근 방법과 인식을 다루고 있는데 전략의 알맹이는 세 가지라고 합니다. 제대로 된 진단, 구체적인 추진 방침, 일관된 행동입니다. 상당히 상식적인 말입니다. 진단은 문제의 성격을 제대로 파악하라, 복잡한 상황을 단순화하라, 결정적인 요인이 무엇인지 판단하라는 것입니다. 진단이 중요한 건 알겠는데 이 정도의 말로는 크게 도움이 되지 않을 것 같아요. 두 번째 '구체적인 방안을 제시하라', 세 번째 '일관된 행동을 하라'도 마찬가지고요. 이 책에서 도움이 되는 부분은 '나쁜 전략'입니다. 미사여구, 문제 회피, 목표와 전략의 혼동, 잘못된 목표를 네 가지의 나쁜 전략으로 꼽고 있습니다. 두 가지가 특히 설득력이 있네요. 좋은 말만 늘어놓는 것은 전략이 아니며 목표가 전략은 아니라는 거지요. 비전, 미션, 목표, 전략이라는 말을 써놓고 빈칸을 채우는 것이 전략 수립이 아니라는 말입니다. 전략의 핵심은 두 가지라고 하겠습니다. 차별화의 방법과 미래를 위한 자원 배분입니다.

• 드러커의 『기업가 정신』(2004)

1985년에 출간된 이 책의 제목은 '혁신과 기업가 정신'입니다. 대기업, 중소기업, 스타트업에 관계없이 대학이나 병원과 같은 비영리조직에도 필요하고 적용되는 혁신방법론을 제시하고 있습니다. 이 책은 3부로 구성됩니다. 1부는 경영혁신의 기회를 찾는 일곱 가지 원천을 제시합니다. 2부는 제조업, 서비스업, 스타트업과 같은 기업 형태에 따른 실천상의 특성을 설명합니다. 3부는 기업가 전략을 네 가지 유형으로 설명하고 있습니다.

모든 책이 그렇지만 이 책도 시대적인 배경의 산물입니다. 1980년대 초 미국 경제를 배경으로 합니다. 그 당시 미국 경제는 성장 둔화기였고 위기의식이 높았습니다. 제2차 세계대전이 끝나고 미국 경제는 1945~1970년에 걸쳐 25년간 고도성장을 했습니다. 전후 회복기였고 전쟁 중에 기술이 크게 발전했으며 인구도 급팽창

했고 이렇다 할 경쟁 상대도 없었습니다. 그러던 중에 1970년대에 두 차례의 석유파동으로 경제는 스태그플레이션에 빠졌습니다. 특히 일본 경제와 기업들이 약진하면서 미국은 상당한 위기의식을 느끼던 시기입니다. 이때 드러커가 '혁신과 기업가 정신'이라는 기치를 내겁니다. 그는 미국이 '관리적 경제'에서 '기업가적 경제'로 이행해야 한다고 주장하고 있습니다. 그 말은 지금 하고 있는 것을 잘하는 기업의 효율화만으로는 안 되고 새로운 제품, 서비스, 프로세스, 개념 등으로 새로운 시장과 산업을 개척해야 한다는 주장입니다. 미국 경제가 관리의 시대에서 혁신의 시대로 가야 한다는 주장인데 지금의 한국 경제에 바로 적용되는 지침입니다.

마지막 장에서 드러커는 폭탄을 던집니다. 우리 사회에 기업가적 혁신이 필요하다는 주장입니다. "혁명은 실패하고 복지국가 모형도 실패할 것이다." 드러커는 지금의 유럽의 침체를 예견했다고 봅니다. 서유럽은 복지국가를 만들어서 사회 전체의 혁신역량을 약화시킨 것 같습니다. 일본 사회도 잘살게 되면서 기업가 정신이 쇠퇴했다고 봅니다. 미국과 중국은 아직도 기업가적 혁신이 이루어지고 있습니다. 지금 우리나라의 기업가적 혁신역량은 어떤가요? 다음과 같은 주장이 가능할까요? "지금 대한민국에 필요한 것은 혁명도 아니고 복지국가도 아니고 기업가적 혁신이다."

• 민츠버그의 『전략 사파리』(2012)
헨리 민츠버그는 경영학의 이단자라고도 합니다. 이 책에서 경영

전략에 대한 열 가지 접근방법과 이론을 정리하고 통합하려는 시도를 하고 있습니다. 이 책이 '전략의 바이블'이라고 하는데 그 정도까지는 아니고 '전략 뷔페 테이블'이라고 하겠습니다. 필요와 입맛에 따라 열 가지 전략 메뉴에서 적절히 골라서 먹으면 됩니다.

• 아커의 『브랜드 자산의 전략적 경영』(2006)

이퀴티equity를 우리말로 옮기면 '자기자본'입니다. 자기자본은 자산에서 부채를 뺀 것을 말합니다. 따라서 브랜드 이퀴티brand eq-uity는 '브랜드 자산'이 아니라 '브랜드 자본'이라고 하는 게 맞을 것 같습니다. 데이비드 아커는 브랜드에 대한 이론을 발전시키고 집대성한 마케팅학자라고 하겠습니다.

이 책에 제시된 브랜드 이론을 아커의 브랜드 모델이라고도 하는데요. 아커는 브랜드 자본이 다섯 가지 요소로 구성되어 있다고 설명합니다. 브랜드 충성, 브랜드 인지, 지각된 품질, 브랜드 연상, 브랜드 IP입니다. 이걸 풀어 쓰면 다음과 같겠습니다. "기업의 브랜드 자본은 고객의 반복 구매로 나타나는데 이는 고객이 그 브랜드를 기억하고 고객가치(지각된 품질)가 높다고 믿는 상태에서 나옵니다. 브랜드 가치는 여러 브랜드 연상brand association과 연관되어 있으며 다른 제품으로 어느 정도 확장이 가능합니다." 브랜드는 기업의 무형자산을 구성하는 기술, 브랜드, 경영역량이라는 3대 요소 중 하나입니다. 기업은 무형자산을 통해 지식에 기반한 차별화를 할 수 있습니다. 따라서 기업은 경쟁우위를 가져다주는 무형자산으로서 브랜드를 지속해서 관리해야 합니다.

아커의 브랜드 모델이 별로 새로운 것이 없다고 느껴지는 것은 이 책이 그만큼 성공적이었다는 증거일까요? 말하자면 지난 30년 동안 브랜드 자산에 대한 인식이 널리 확산되었다는 증거입니다. 그런데 아커의 브랜드 모델은 너무 평면적인 것 같아요. 앞서 말한 5개의 변수 중에서 사실 브랜드 인지도와 고객이 느끼는 가치(지각된 품질)가 결합되었을 때 반복 구매 상태인 브랜드 충성이 나타나겠지요? 이걸 평면적으로 브랜드 자본을 결정하는 게 5개의 변수라고 하는 것은 실제로 이 모델을 적용할 때 한계인 것 같아요. 요즘은 이 모델보다 훨씬 더 정교한 브랜드 모델이 있겠지요? 그리고 지각된 품질이라는 개념도 상당히 진부하지 않나요? 요즘에는 '긍정적인 고객 경험'과 같은 개념으로 대체되고 있지요. 그리고 빅데이터가 있는 요즘과 달리 30년 전에는 고객 데이터가 그렇게 많지 않았기 때문에 이런 진부한 표현을 쓸 수밖에 없었을까요? 지금은 고객의 지각을 직접 측정할 수도 있지요.

경제학에 게임 이론이라는 분야가 있습니다. 두 명 이상의 사람들이 상호 연관관계를 통해 자신의 이익을 추구하고 있으나 상대방의 행동이 불확실하므로 결과를 예측하기 어려운 상황을 상정합니다. 게임 이론은 이런 상황에서 사람들의 의사결정을 연구하는 이론입니다. 여기서는 셸링의 『갈등의 전략』이라는 책을 살펴보겠습니다.

• 셸링의 『갈등의 전략』(2013)

토머스 셸링은 게임 이론으로 2005년에 노벨경제학상을 받은 경제학자입니다. 하버드대학교 교수를 거쳐서 메릴랜드대학교 공공정책대학원 교수로 외교와 국방 분야의 전문가로 일했습니다. 게임 이론을 외교와 국방에 주로 적용하며 미국 정부에도 다양한 자문과 위원회 활동을 했고, 특히 냉전 시대 미국과 소련 간의 핵전쟁 억제에 관한 연구를 많이 했습니다.

이 책은 1960년에 첫판이 나왔으니 고전이라고 할만합니다. 셸링은 이 책에서 '포컬 포인트_focal point'라는 개념을 소개하고 이론을 만들었는데요. 그 이후 포컬 포인트를 '셸링 포인트'라고 부르기도 한답니다. 게임 이론으로 노벨경제학상을 받은 경제학자가 여덟 명이라고 하는데 사실은 이론이 많이 개발된 분야입니다. 이 책의 기여는 논제로섬 게임, 그러니까 한쪽의 이득이 반드시 상대방의 손해가 되는 제로섬게임이 아닌 게임을 주로 설명한 것입니다. 기업에서의 상황은 거의 포지티브섬게임, 즉 복합협력게임인 셈이지요. 이 책의 또 하나의 기여는 참여자 간에 의사소통이 없는 게임에 대한 통찰력을 제시한 것이라고 하겠습니다.

2. (경영 고전) 『기업가 정신』

: 기업가 정신에 기반한 혁신이 필요하다

피터 드러커는 누구인가

'경영학의 아버지' '20세기 최고의 미래학자' 등 다양한 수식어가 붙지만 피터 드러커 본인은 작가로 불리길 원했습니다. 글쓰기는 그의 평생의 업으로 이를 위해 기자, 교수, 컨설턴트의 생활을 했다고 합니다.

하지만 세상은 그를 최고의 경영사상가로 기억합니다. 싱커스 50은 2001년부터 격년으로 위대한 경영사상가 50인을 선정하여 순위를 매깁니다. 드러커는 2001년과 2003년에 1위를 차지했습니다. 2005년에 세상을 떠나면서 1위의 계보는 마이클 포터, C. K. 프라할라드, 클레이튼 크리스텐슨, 로저 마틴, 김위찬과 르네 마보안, 에이미 에드먼드슨으로 이어졌습니다.

피터 드러커(Peter Drucker, 1909~2005)

새로운 가치를 창출해야 한다

경영 고전 읽기 시즌 1과 2에 이어 이번 시즌 3에도 드러커가 등장합니다. 그는 총 39권의 책을 저술했는데 스스로 꼽은 베스트 6권이 있습니다. 『경영의 실제』를 포함해서 6권 중 5권은 60세 이전에 쓴 작품입니다. 한 권은 76세였던 1985년에 쓴 작품입니다. 바로 이 책 『기업가 정신』입니다. 다른 사람 같으면 은퇴 후 소일거리로 시간을 보냈을 나이에 불타는 투지로 역작을 썼다는 것이 대단합니다.

드러커는 왜 1985년에 『기업가 정신』을 썼을까요? '관리 중심 경제Managerial Economy'에서 '기업가 중심 경제Entrepreneurial Economy'로 세상이 바뀌는 것이 눈에 보였기 때문입니다. 1980년대 초반까지는 원가를 더 낮추고 품질을 더 높이는 방식으로 기업을 운영했습니다. 즉 기존 사업을 좀 더 잘해서 경제를 발전시켰습니다. 한마

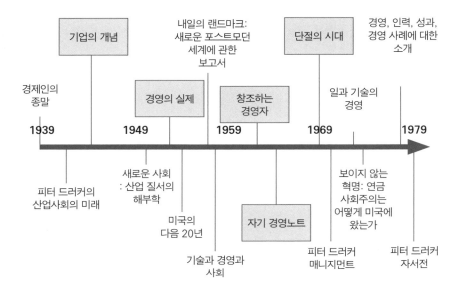

디로 보유 경영 자원을 효율적으로 사용하는 것이 중요했습니다. 그런데 1980년대를 기점으로 세상이 달라졌습니다. 기존에 존재하지 않았던 새로운 형태의 제품과 서비스를 제공하여 경제를 발전시켜야 했습니다. 새로운 가치를 창출해야 한다는 뜻입니다.

새로운 가치란 무엇일까요? 맥도날드가 좋은 예입니다. 햄버거 가게는 19세기부터 미국 전역에 존재해왔습니다. 맥도날드는 결코 새로운 햄버거를 발명하지 않았습니다. 맥도날드의 최종 제품은 미국의 여느 레스토랑이면 오래전부터 만들어왔던 것이죠. 그러나 맥도날드는 고객이 바라는 '가치'가 무엇인가를 스스로에게 질문했습니다. 그리고 경영의 개념과 경영 기술을 적용했죠. ① 제품을 표준화하고 ② 작업 프로세스를 디자인하고 ③ 종업원이 해야할 일을 분석한 후 훈련하고 ④ 필요한 표준을 정했습니다. 그럼으

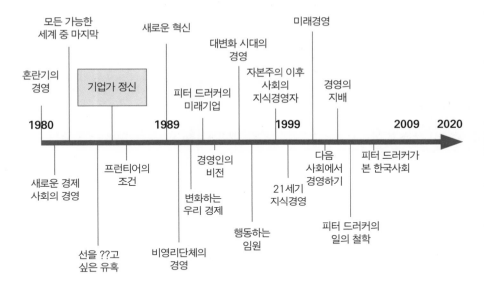

로써 맥도날드는 자원의 생산성을 급격하게 향상했을 뿐만 아니라 새로운 시장과 고객을 창출한 것입니다.

7가지 원천이 혁신을 만들어낸다

이런 시대에는 무엇이 중요해질까요? 이 책의 원서 제목에서 보듯 '혁신과 기업가 정신Innovation and Entrepreneurship'이 중요해집니다. 기업가 정신을 발휘하려면 혁신이 따라야 합니다. 드러커는 혁신의 원천으로 다음의 일곱 가지를 제시합니다.

① 예상치 못했던 일에 적절히 대응한다

1950년대 초반 드러커는 당시 뉴욕 최대 백화점 메이시스의 사장으로부터 "가정용품의 판매가 너무 늘어나고 있는데 이것을 줄이는 방법을 몰라 고민하고 있다."라는 말을 들었습니다.

어리둥절해진 드러커가 왜 줄이려고 하는지 되묻자 사장이 이렇게 대답했습니다. "과거 우리는 패션 제품을 사러 온 고객에게 가정용품을 팔아왔는데 요즘은 가정용품을 사러 온 고객에게 패션 제품을 더 자주 팔고 있습니다. 따라서 패션 제품의 매출액이 전체 매출액의 70%가 되어야 정상적이고 건강한 것입니다. 가정용품 매출이 너무 빨리 늘어나서 지금은 전체 매출의 60%에 이르렀습니다. 이는 비정상적입니다."

과연 비정상적인 걸까요? 아닙니다. 예상치 못한 일이 발생한 것이죠. 여기서 '아, 세상의 흐름이 바뀌고 있구나. 빨리 제품 구성을 바꿔야겠구나.'라고 생각해야 적절한 대응을 취할 수 있습니다. 사업 구조를 바꾸는 것도 혁신의 한 방법임을 놓쳐서는 안 됩니다.

② 예측과 실제 결과의 불일치를 해소한다

1950년대 초 대양 횡단 화물선이 쇠퇴할 것이라고 인식했습니다. 해상 운송 비용이 오르고 도난이 심해진 데다 비행기의 등장도 위기로 다가왔죠. 업계에서는 속도가 빠르고 연비가 좋은 선박을 개발하기 위해 노력했지만 별 성과가 없었습니다.

왜 성과가 없었을까요? 문제점은 도난과 운송 전 과정에서의 효율성인데 답은 항구에서 항구로의 이동에서만 찾으려고 했기 때문입니다. 이러한 불일치를 해소하는 방안을 고민한 결과 컨테이너라는 혁신적인 제품이 해결책으로 등장했습니다. 용기에 화물을 담는 과정과 화물을 담은 용기를 선박에 선적하는 과정을 분리함으로써 운송 효율을 높이고 도난의 걱정도 지울 수 있었죠.

③ 프로세스를 잘 관찰해 미싱 링크를 채운다

혹시 '자동 주조 조판기'라고 들어보셨나요? 1885년에 발명된 제품인데 그전에는 글자를 담아둔 통에서 인쇄에 필요한 적절한 글자를 식자공이 꺼냈다면 이를 기계가 대체한 것입니다.

1800년대 중반부터 문맹자가 줄어들고 교통 및 통신수단의 발달로 출판물에 대한 수요가 급속히 늘어났습니다. 이에 발맞춰 고속 제지 기계와 고속 인쇄 기계가 속속 등장했습니다. 다만 조판 분야만 400년 전과 똑같이 여전히 느리고 인건비가 비싼 수공업으로 남아 있었죠.

프로세스상에서 이처럼 병목 현상을 일으키는 부분을 미싱 링크 missing link라고 합니다. '잃어버린 연결고리'라는 뜻이죠. 누군가가 조만간 혁신 제품을 내놓아서 미싱 링크를 채운다면 전반적인 출판 시스템이 잘 돌아가겠죠. 이처럼 프로세스를 잘 관찰해보면 어느 곳을 혁신해야 할지 알 수 있다고 합니다.

④ 산업구조와 시장구조가 변화해 새로운 개념이 유행한다

산업구조와 시장구조의 변화도 혁신의 원천입니다. 자동차 산업을 살펴보죠. 1900년의 자동차는 사치품이었습니다. 롤스로이스는 왕족만 타는 차를 만들었죠. 그러다가 헨리 포드가 대중을 위한 자동차 시장을 엽니다. 이후 GM이 다양한 가격대의 자동차를 시장에 내놓으면서 1위에 오릅니다. 1960년대부터는 자동차 산업의 본격적인 글로벌화가 전개됩니다. 자국 시장에 다른 나라 차가 돌아다니는 거죠.

드러커가 이 책을 쓴 1985년 이후에는 어떤 변화가 있었을까요? 소형차가 유행하기도 했고 오늘날에는 전기차 시대가 열렸습니다. 새로운 개념의 차는 모두 그 시대의 혁신적인 제품들이라고 할 수 있겠죠.

⑤ 인구구조가 변화해 팔리는 상품의 종류가 변한다

인구구조는 어떤 물건이 팔리게 될지, 그것을 누가 구입할지, 그리고 얼마나 팔릴지에 대해 큰 영향을 미칩니다. 미국의 10대들은 싸구려 신발을 매년 여러 켤레 구입합니다. 유행은 따르고 싶은데 지갑은 얇기 때문이죠. 그러나 그들이 10년 후에는 구매량은 6분의 1쯤으로 줄지만 편안하고 오래 신는 것을 우선하고 유행은 두 번째로 고려할 겁니다. 선진국에 사는 60~70대 노인들인 갓 은퇴한 사람들은 여행과 레저 시장의 주요 고객이 됩니다. 그들 또한 10년이 지나면 은퇴자를 위한 주택, 양로원, 그리고 여러 값비싼 의료 서비스를 요구하는 고객으로 바뀔 겁니다.

⑥ 인식과 지각의 변화로 인해 현상을 다르게 해석한다

모든 사실적인 증거에 따르면 1960년대 초 이후 지난 20년 동

페레르 형제
1852년 최초로
프랑스에 투자은행 설립

창조적인 금융이론은 보유
체계적인 은행지식 부족

J. P. 모건
(1837~1913)

런던에서 트레이닝
& 페레이레 연구
1865년 뉴욕에서
투자은행 설립

게오르크 폰 지멘스
(1839~1901)

독일, 겸업은행
(영국 저축은행
+
페레이레 투자은행)

시부사와 에이이치
(1840~1931)

파리와 런던 견학
일본식 겸업은행
설립
(일본 경제 창건자)

안 미국인들의 건강 상태는 전례 없이 호전됐습니다. 신생아 사망률, 고령자 생존율, 암(폐암 제외) 발생률과 치료율 등 모든 지표가 계속 상승했습니다. 그런데도 미국은 집단 우울증에 걸려 있습니다. 건강에 대한 관심과 걱정이 이처럼 높은 적이 없었죠. 이러한 현상들이 미래에 헬스케어 관련 산업의 고도성장을 견인할 것이라 예측할 수 있습니다.

⑦ 새로운 지식은 오래 걸리지만 최상급의 혁신을 만든다

새로운 지식이야말로 최상급의 혁신입니다. 그러다 보니 시간이 오래 걸립니다. 디젤 엔진의 경우 설계는 1897년에 등장했지만 실제 동력 기관으로 활용된 것은 1935년입니다. 리드타임이 거의 40년입니다. 컴퓨터는 어떤가요? 17세기에 2진법이 등장하고 19세기에 찰스 배비지가 2진법을 계산기에 응용했습니다. 1890년에 펀치카드가, 1906년에 삼극 진공관이 발명됐습니다. 1910년부터 1913년까지 상징 논리가 개발되어 모든 논리적 개념을 숫자로 표

현할 수 있게 됐습니다. 1918년까지 컴퓨터를 개발하는 데 필요한 모든 지식이 등장했으며 1946년에 최초의 컴퓨터가 작동했습니다.

한편 지식을 충분히 보유해야 실패하지 않는다는 점도 간과해서는 안 됩니다. 프랑스의 페레르 형제는 1852년 최초로 투자은행을 설립했습니다. 그러나 투자은행은 두 가지 지식 기반knowledge base이 필요했는데 그들은 하나의 지식 기반만 있었기 때문에 수년 내에 실패하고 말았습니다. 그들은 자신들을 훌륭한 벤처자본가로 만들어줄 창조적인 금융 이론은 있었지만 체계적인 은행 지식이 없었던 겁니다.

1860년대 초 페레르 형제가 실패한 후 세 젊은이들이 각각 페레르 형제가 떠난 자리를 차지합니다. 이들은 벤처자본 개념에다 은행에 관한 지식 기반을 보탬으로써 금융가로서 성공했습니다. 첫 번째는 J. P. 모건으로 그는 19세기의 가장 성공적인 은행을 설립했습니다. 두 번째는 독일의 게오르크 지멘스로 이른바 겸업은행을 설립했는데 영국식 은행 모델인 저축은행과 페레르 형제의 투자은행 모델 두 가지를 합한 것이었습니다. 마지막으로 멀리 떨어진 일본 도쿄에 시부사와 에이이치가 있습니다. 그는 은행을 연구하려고 직접 유럽으로 여행을 간 최초의 일본인 중 한 사람으로서 파리와 런던의 롬바드를 방문하고 돌아옵니다. 나중에 일본식 겸업은행인 다이이치은행을 설립함으로써 현대 일본 경제의 창건자들 가운데 한 사람으로 기억되고 있습니다. 지멘스와 시부사와가 설립한 은행은 각각 독일 최대 은행인 도이체방크와 일본 3대 은행인 미즈호은행으로 이어져 존재하고 있습니다.

혁신은 평범한 사람들이 추진할 수 있어야 한다

무조건 독창적인 것을 하려고 노력해서는 안 됩니다. 혁신은 비범한 사람이 아니라 평범한 사람이 추진할 수 있어야 합니다. 어느 정도 혁신의 규모가 커지면 비범한 사람들만으로 추진할 수 없기 때문입니다. 다각화와 분산화를 하지 말고 한꺼번에 너무 많은 것을 시도하려고 해서도 안 됩니다. 사업 활동의 핵심에서 벗어난 혁신은 산만해지기 쉽습니다.

그리고 미래를 위해 혁신하려고 노력하지 말고 현재를 위해 혁신해야 합니다. 혁신의 영향은 오랜 기간에 걸쳐 나타날 수도 있습니다. 20년이 지나도 완전한 성숙기에 이르지 않을 수도 있습니다. 예를 들어 '앞으로 25년 뒤에는 이것을 필요로 하는 노인들이 엄청나게 많을 것이다.'라는 관점의 혁신은 의미가 없습니다. '이것을 사용해보고 뭔가 확실히 다르다고 차이를 느낄 노인들이 오늘날 우리 주변에 충분히 있다. 물론 시간은 우리의 편이다. 앞으로 25년 동안 수요자는 더 늘어날 것이다.'라는 관점으로 봐야 합니다.

✻ 더 생각해볼 것들!

관리의 시대에서 혁신의 시대로 옮겨가고 있다

정구현 이 책은 3부로 구성됩니다. 1부는 경영혁신의 기회를 찾는 7가지 원천을 제시합니다. 2부는 제조업, 서비스업, 스타트업과 같은 기업 형태에 따른 실천상의 특성을 다룹니다. 그리고 3부는 기업가 전략을 네 가지 유형으로 나눠서 설명합니다. 모든 책이 그렇지만 이 책도 시대적인 배경의 산물입니다. 1980년대 초의 미국 경제를 배경으로 합니다. 그 당시 미국 경제는 성장둔화기였고 위기의식이 많았습니다. 제2차 세계대전이 끝나고 미국 경제는 25년 간(1945~1970) 고도성장을 했습니다. 전후 회복기였고 전쟁 중에 기술이 크게 발전했으며 인구도 급팽창했고 이렇다 할 경쟁 상대도 없었습니다. 그러던 중에 1970년대에 두 차례의 석유 파동으로 경제는 스태그플레이션에 빠졌고 특히 일본 기업과 경제가 약진하면서 미국 경제와 기업이 상당한 위기의식을 느끼고 있던 시기입니다. 이때 피터 드러커가 '혁신과 기업가 정신'이라는 기치를 내건 겁니다. 그는 미국이 '관리 중심 경제'에서 '기업가 중심 경제'로 이행해야 한다고 주장하고 있습니다. 그 말은 지금 하고 있는 것을 잘하는 기업의 효율화만으로는 안 되고 새로운 제품, 서비스, 프로세스, 개념 등으로 새로운 시장과 산업을 개척해야 한다는 주장입니다. 미국 경제가 관리의 시대에서 혁신의 시대로 가야 한다는 주장은 지금의 한국 경제와 기업에 바로 적용이 되는 지침입니다.

획기적인 아이디어가 경영혁신의 출발점이다

정구현 드러커는 '경영혁신'이 반드시 기술적이거나 제품적(물리적)인 것은 아니라고 강조합니다. 세 가지 혁신의 예를 들어보겠습니다. 첫째는 물류혁명을 가져온 '컨테이너'이고, 둘째는 교육혁명을 가져온 '교과서'이고, 셋째는 유통혁명을 가져온 '할부 구매'입니다. 이 세 가지 혁신의 공통점은 무엇일까요? 컨테이너는 화물트럭의 본체를 통째로 배로 옮겨 싣는 아이디어인데 해운업의 생산성이 4배 증가했다고 합니다. 교과서는 17세기 중반에 처음 나왔다고 하는데 교육의 표준화와 대중화(대량화)를 가능하게 했다고 합니다. 할부금융도 사실은 획기적인 아이디어입니다. 드러커는 이런 게 모두 경영혁신이고 경영혁신이 우리 사회를 조직사회로 만들었다고 주장합니다. 그렇다면 혁신이란 '창의적인 사고로 문제를 해결하는 착상과 실천'이라고 할 수 있겠네요. 아이디어와 이를 실천하는 행동이 같이 가야 혁신이 일어납니다.

3. (경영 고전) 『전략 사파리』
10개 전략을 필요에 따라 취사선택하라

헨리 민츠버그는 누구인가

헨리 민츠버그는 1968년 MIT에서 박사학위를 받은 후 지금까지 캐나다 몬트리올에 있는 맥길대학교에서 교수로 활동하고 있습니다. 그는 경영자, 기업 조직, 전략 경영, 경영 교육 등 기업 경영의 다양한 주제들을 탐구해왔으며 15권이 넘는 저서와 150편에 가까운 논문을 발표했습니다. 그는 주류 경영학계의 주장을 정면 반박하는 파격적이며 새로운 관점을 제시해 많은 논란을 일으켰습니다. 경영학의 이단자인 동시에 새로운 이론의 선구자로 평가받고 있습니다.

전략은 무수히 다양하고 정해진 정답은 없다

마이클 포터는 『경쟁 전략』에서 포지셔닝을 주장합니다. 이는 산

헨리 민츠버그(Henry Minzberg, 1939~)

업 환경 변화에 맞춰 자리를 잘 잡아야 한다는 것입니다. 반면 핵심역량 학파는 자신의 핵심역량을 파악하여 그에 걸맞은 사업을 하라고 합니다. 도대체 어느 이론을 따라야 할까요? 정답이 하나만 있는 것이 아니라 상황에 따라 다르게 접근해야 한다고 주장하는 사람이 있습니다. 바로 맥길대학교의 헨리 민츠버그입니다.

우리나라에서는 상대적으로 덜 알려졌지만 톰 피터스는 그를 "세계에서 가장 위대한 경영사상가"로 꼽을 정도로 세계적인 지명도를 가지고 있습니다. 그의 대표작은 『전략 사파리』인데요. 케냐의 사파리에서 450여 종의 동물을 볼 수 있는 것처럼 전략도 그 학파가 다양하다는 것입니다. 그는 10개의 전략 학파를 소개하고 있습니다. 한 번 살펴보죠.

10개의 전략 학파에 유연한 접근 전략을 짜다

1. 전략 컨설팅 분야는 SWOT 모델로 대표된다

먼저 전략 분야의 주류를 이루고 있는 디자인학파, 플래닝학파, 포지셔닝학파를 설명합니다. 흔히 전략 컨설팅을 받는다고 하면 이 세 가지 학파에서 작업이 이루어진다고 보시면 됩니다. 1960년대에 등장한 디자인학파는 스왓SWOT 모델로 대표됩니다. 내부 역량인 강점과 약점을 외부 환경인 기회와 위협과 매치해 전략을 수립하는 것입니다. 비슷한 시기에 등장한 플래닝학파는 스왓 모델을 기반으로 단기, 중기, 장기 계획을 수립하는 매뉴얼을 만듭니다. 1970년대 두 번의 석유 파동 이후 전략기획실의 기능이 중시되면서 이러한 분석론이 더욱 각광받았습니다. 그러다가 1980년대에 마이클 포터가 포지셔닝학파를 만들면서 전략의 구루로 우뚝 섭니다. 1980년대는 그의 시대라 해도 과언이 아닙니다.

하지만 분석과 계획이 전부일까요? 장군 출신으로 미국의 34대 대통령을 지낸 아이젠하워는 한때 명문 컬럼비아대학교 총장을 지냈습니다. 그가 대학 총장 시절 남긴 에피소드가 있습니다. 아이젠하워는 1948년 이 대학 총장에 취임한 뒤 여러 채의 건물을 짓고 주변에 잔디를 심었습니다. 그런데 학생들이 다니는 보도를 따로 내지 않아 대학 관계자들은 의아해했습니다. 머지않아 잔디 위에 길이 나기 시작하자 아이젠하워가 그 길을 포장하도록 했는데 이는 "학생들이 이용하지 않는 길은 길이 될 수 없다."라는 그의 생각에서 비롯된 것이었다고 합니다. 그는 "계획하는 과정은 매우 중요하다. 하지만 그 결과물인 계획 그 자체는 쓸모가 없다Planning is everything, plan is nothing.”라는 말을 남겼습니다.

민츠버그도 마찬가지입니다. 전략의 주류인 디자인학파, 플래닝학파, 포지셔닝학파에 대해 비판적인 입장을 보입니다. 이들 학파는 외부 환경과 내부 능력에 대한 합리적 분석을 통해 미리 설계되고 의도된 계획을 강조합니다. 하지만 문제가 많았습니다. 예를 들어 코닥은 2000년대에 들어서면서 필름 사업이 쇠퇴하기 시작했지만 당시 분석 보고서는 여전히 장밋빛 전망을 제시하고 있었습니다. 현장을 잘 모르는 기획 스태프들이 전략을 수립했기 때문입니다. 저자는 전략 수립에서 기존 학파들의 한계와 문제점을 지적하며 현장에 대한 실질적인 이해와 유연한 접근이 필요함을 강조하고 있습니다.

2. 계획을 대체할 6개의 추가 전략이 등장하다

이처럼 수많은 장표 분석이 있어도 정작 사업을 어떻게 끌고 나갈 것인가에 대해서는 답을 주지 못하는 사업 계획이 너무 많습니다. 그래서일까요? 1990년대부터는 다른 학파들이 속속 등장합니다. 기업가학파는 리더의 직관과 비전이 기업을 이끈다고 봅니다. 인지학파는 인지심리학, 즉 행동경제학의 이론을 다룹니다. 행동경제학의 역사가 짧은 탓에 지금까지 기여한 것보다는 앞으로 기여할 것이 클 것으로 보고 있습니다. 학습학파는 기업이 이것저것하다 보면 자신이 잘하는 것이 무엇인지 알게 되는데 이를 핵심 역량이라고 정의합니다. 그리고 이를 기반으로 사업을 확장하는 전략을 구사합니다. 권력학파는 협상에서 전략적 제휴까지 다룹니다. 문화학파는 기업문화를 바탕으로 한 전략을 이야기합니다.

이외에도 CEO나 전략기획실 등 기업 내부에서 전략을 주도하는 것이 아니라 경영 환경이 모든 것을 결정하니 이를 따라야 한다는 환경학파가 있습니다. 예를 들어 업계에서 벤치마킹 대상이 되는 베스트 프랙티스를 기업들이 따르려 하는 것을 들 수 있겠습니다. 마지막으로 구성학파는 앞서 설명한 아홉 가지 유형의 전략이 상황에 따라 골고루 사용돼야 한다고 설명합니다.

디자인학파	플래닝학파	포지셔닝학파
SWOT 모델	전략 계획	마이클 포터
기업가학파	인지학파	학습학파
리더의 직관과 비전	행동경제학	핵심역량
권력학파	문화학파	환경학파
협상, 전략적 제휴	기업문화	베스트 프랙티스
구성학파		
위의 모든 것		

전략의 5P로 경쟁자의 전략을 분석하다

지금까지 10개의 전략 학파를 살펴보았습니다. 감기약에도 콧물약, 기침약, 해열제가 있는 것처럼 전략 분야에도 다양한 처방전이 존재한다는 것을 알게 됐습니다. 이번에는 전략의 종류를 살펴보

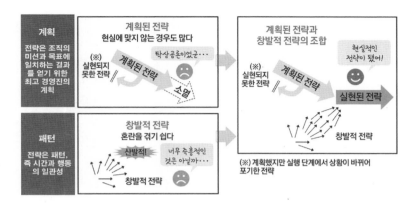

계획	계획된 전략 현실에 맞지 않는 경우도 많다	계획된 전략과 창발적 전략의 조합
전략은 조직의 미션과 목표에 일치하는 결과를 얻기 위한 최고 경영진의 계획	(※) 실현되지 못한 전략 탁상공론이었군… 계획된 전략 소멸	(※) 실현되지 못한 전략 계획된 전략 현실적인 전략이 됐어! 실현된 전략
패턴	창발적 전략 혼란을 겪기 쉽다	창발적 전략
전략은 패턴, 즉 시간과 행동의 일관성	산발적! 너무 즉흥적인 것은 아닐까… 창발적 전략	(※) 계획했지만 실행 단계에서 상황이 바뀌어 포기한 전략

죠. 누군가에게 전략이 무엇이냐고 물으면 아마도 계획이라고 할 것입니다. 그런데 경쟁자의 전략은 어떻게 분석할까요? 최근 그 회사가 어떤 식으로 경영해왔는지, 즉 고가의 제품만을 시장에 내놓았는지 아니면 저가의 가성비 높은 제품만을 생산했는지를 살핍니다. 이를 "패턴을 살핀다."라고 말합니다. 즉 전략이란 '지금부터 미래로 가는 계획'과 '과거에서 지금까지의 패턴'으로 나눌 수 있습니다.

한편 '포지션으로서의 전략'과 '전망으로서의 전략'도 있습니다. 맥도날드가 아침 식사 대용으로 에그 맥머핀이라는 신제품을 출시했습니다. 이는 아침에도 맥도날드를 많이 이용하게 하려는 전략이었죠. 우리나라에서는 "맥모닝 먹으러 가자."로 자리 잡았습니다. 특정 시장에 특정 제품을, 즉 아침 식사 시장에 에그 맥머핀을 위치시켰다는 점에서는 포지셔닝입니다. 반면 전망으로서의 전략은 패러다임을 바꾸거나 비즈니스 모델을 바꾸는 정도가 돼야 전략이라고 봅니다. 맥도날드를 인수한 레이 크록은 '45그램의 고기를 155도에서 38초간 익히는' 시스템을 구축했는데 이 정도는 돼야 한다는 것입니다.

맥도날드가 아침식사 대용으로 에그 맥머핀이라는 신제품을 출시
포지션: 특정 시장에 특정 제품을 위치시키는 일 "이건 전략 변화입니다. 아침식사 시장에 처음 진입한 것이니까요."
전망: 조직의 기본적인 일 처리 방식(맥도날드 방식) "그저 포장만 다를 뿐 맥도날드가 늘 해오던 방식 그대로인데요."

책략도 중요합니다. 경쟁자를 속이기 위한 묘책이죠. 생산능력을 확장할 계획을 가지고 있다는 인상을 주기 위해 토지를 구입하는 것이 그 예입니다. 그러면 경쟁업체는 가격전쟁에 휘말리기 싫어서 공장 증설을 아예 포기합니다.

반대자나 경쟁자를 속이기 위한 특별한 '묘책'
생산능력을 확장할 계획을 갖고 있다는 인상을 줌으로써 경쟁업자가 공장을 신설하지 못하게 하기 위해서 토지 구입

계획plan, 패턴pattern, 포지션position, 전망perspective, 책략ploy은 모두 P로 시작합니다. 그래서 이를 '민츠버그의 5P'라고 이야기합니다. 플래닝학파는 계획, 포지셔닝학파는 포지션, 기업가학파는 전망, 학습학파는 패턴, 권력학파는 책략을 선호할 것이라고 짐작할 수 있습니다.

전략 계획을 수립하는 것은 필요합니다. 하지만 민츠버그는 그것 하나에만 의지하는 시대는 끝났다고 이야기합니다. 폴라로이드

	계획	패턴	포지션	전망	책략
디자인					
플래닝	○				
포지셔닝			○		
기업가				○	
인지					
학습		○			
권력					○
문화					
환경					

즉석카메라가 만들어진 것은 의도된 전략이 아니었습니다. 가족과 함께 휴가를 즐기던 세 살배기 딸아이가 방금 찍은 사진을 왜 보여주지 않냐고 아버지에게 투정을 부린 것이 시발점이었죠. 존슨앤존슨이 소매용 파우더 제품을 판매하기 시작한 것도 마찬가지입니다. 본래 존슨앤존슨은 살균 거즈나 깁스를 병원에 공급하는 B2B 기업이었지요. 그러던 중 우연히 깁스에서 발생하는 가려움증을 호소하는 소비자의 고통을 알게 됐고 이에 대응하기 위해 파우더를 첨부한 깁스를 팔기 시작한 것입니다. 그러자 소비자들이 파우더만 따로 구입할 방법이 없는지 문의했고 존슨앤존슨은 화장실용과 아기용 파우더 제품을 팔게 된 것이죠.

전략은 수립하는 것보다 실행이 중요하다

1960년대 초반 비즈니스 스쿨은 총괄 경영자를 육성하기 위해 전략이라는 분야를 만들었습니다. 여기서 총괄 경영자란 '삼성전자 반도체 사업 총괄' 정도의 레벨을 말합니다. 여러 기능을 관장해야 하고 사업 단위에 대해 독자적인 책임도 지며 조직의 나아갈 방향도 제시해야 합니다. 당시에는 전략이 엄밀하지 않고 상당히 폭이 넓었습니다.

수십 년에 걸쳐 전략 분야는 발전해왔습니다. 앞서 보았듯이 다양한 분석 도구들이 등장했고 전략 보고서도 상당히 세련되게 발전했죠. 그러나 뭔가를 잃어버린 듯한 허전한 느낌은 지울 수 없습니다. 이는 전략을 과학으로 만들려다 보니 본래 전략을 만든 근본 취지를 상실했기 때문입니다. 전략은 실행 지침입니다. 그런데 전략에서 실행보다 수립을 강조하는 이상한 관행이 탄생한 것입니다.

전략은 단순한 계획이나 아이디어가 아니라 기업의 생활 방식입니다. 기업이 어떤 기업이 돼야 할지를 규정하는 것입니다. 단기보다는 장기, 성과보다는 지속가능성을 중시하며 이를 위해 무엇을 해야 할지 정하는 것입니다. 스왓SWOT 분석이나 미래 대차대조표의 숫자가 전략이 될 수는 없습니다. 의도된 계획도 중요하지만 시행착오를 통해 이를 다듬어가는 것이 더욱 중요합니다. 전략이 과학이기만 한 것이 아니라 '과학과 예술과 장인정신의 조화'라는 점을 명심해야 합니다.

✳ 더 생각해볼 것들!

전략 뷔페 테이블과 같아 실무적 활용도가 높다

정구현 경영전략, 전략경영이 경영학에서 필수과목이 된 것은 아마도 50년 정도 된 것 같습니다. 그리고 대기업에서도 전략기획 strategic planning이 경영의 기본 프로세스로 자리 잡았습니다. 이 책은 경영전략 수립에 대한 10개의 접근 방법(이론과 학파)을 제시하고 있습니다. 저자들이 말하듯이 10개는 너무 많습니다. 그래서 잘 이해하기 힘듭니다.

오늘의 목적은 이들 10개의 접근방법에 대한 기본적인 이해를 먼저 하고 어떤 접근이 어떤 상황에서 유용한지를 정리해보는 데 있습니다. 우리가 기업의 미래를 구상하고 실무적으로 활용하는 데 도움이 될 것입니다. 이 책이 '전략의 바이블'이라고 했는데 바이블까지는 아니고 백과사전 정도는 될 수 있겠습니다. 아니면 '전략 뷔페 테이블'이라고 하겠지요. 필요에 따라, 입맛에 따라서 10개의 메뉴에서 적절히 골라서 먹으면 됩니다.

4. (경영 고전) 『브랜드 자산의 전략적 경영』

: 브랜드를 만들어 고객에게 각인되어라

데이비드 아커는 누구인가

데이비드 아커는 세계 최초로 '브랜드 자산Brand Equity'이라는 용어를 개념화하고 브랜드 자산의 측정 가능성을 제시한 인물로 브랜드 분야의 살아 있는 권위자입니다. 미국 캘리포니아주립대학교(버클리 캠퍼스) 하스경영대학원의 명예교수로서 마케팅 및 브랜드 전략을 강의하고 있습니다. 주요 저서로는 『브랜드 리더십』『브랜드 자산의 전략적 경영』『데이비드 아커의 브랜드 경영』으로 이루어진 브랜드 3부작과 『브랜드 포트폴리오 전략』『브랜드 연관성』 등이 있습니다.

브랜드가 마케팅, 광고, PR보다 중요하다

마케팅, 광고, PR, 브랜드의 차이를 설명할 수 있나요? 막연히 알

데이비드 아커(David Aaker, 1938~)

고 있을지 모르지만 실제로 말로 설명하기란 쉽지 않습니다. 이를 비유로 설명해보겠습니다.

"I'm a great lover."라는 표현이 있습니다. 이는 "나는 너에게 좋은 사람이야." 정도로 이해할 수 있습니다. 남성이 여성에게 이렇게 말한다면 이는 마케팅입니다. 이 말을 여러 번 반복하면 광고가 됩니다. 하지만 이렇게 말한다고 해서 신뢰가 가지 않죠. 이때 여

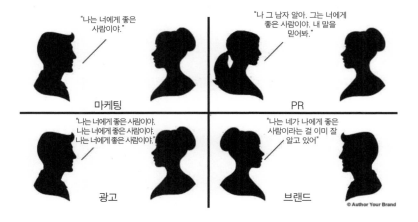

성의 친구가 "나 그 남자 알아. 그는 너에게 좋은 사람이야. 내 말을 믿어봐."라고 말한다면 이는 PR입니다. 브랜드는 어떤 단계일까요? 굳이 광고나 PR이 필요 없습니다. 여성이 이미 "나는 당신이 나에게 좋은 사람이라는 걸 이미 잘 알고 있어."라고 생각하는 단계이기 때문입니다. 이처럼 브랜드는 매우 중요합니다.

1980년대에 브랜드 자산 개념이 탄생하다

1980년대 말에 소니가 컬럼비아를 인수하고 마쓰시타가 유니버설을 인수했습니다. 일본 기업이 미국 기업을 본격적으로 인수하던 시기입니다. 이들은 장부가액보다 훨씬 큰 금액을 지불했습니다. 주주들은 왜 장부가액보다 더 많은 돈을 지불했는지, 그 근거가 무엇인지 물었습니다. 이에 "브랜드 값"이라는 답변이 돌아왔습니다. 브랜드가 곧 돈이라는 이야기입니다. 데이비드 아커는 1991년 브랜드가 자산인 이유를 네 가지로 설명해 큰 반향을 일으켰습니다. 그 근거는 그의 저서 『브랜드 자산의 전략적 경영』에 담겨 있습니다.

기업들이 브랜드를 제대로 관리하지 못하고 있다

저자는 브랜드가 자산임에도 다음 항목들을 조목조목 거론하며 제대로 관리하지 못하고 있다고 주장합니다. 여러분도 생각해보세요.

V	항목
	마케팅·광고 매니저가 자사 브랜드의 연상 이미지와 연상 강도를 잘 모른다.
	소비자의 브랜드 인지 수준에 대한 지식이 부족하다.
	소비자 만족도·애호도에 대한 체계적이고 신뢰타당한 측정치가 없다.
	마케팅 노력의 성과를 장기적 관점에서 평가하는 지표가 없다.
	브랜드 자산을 보호할 실질적인 책임자가 없다.
	브랜드 담당 매니저의 성과 평가를 분기·년 단위로 실시하고 장기적인 평가가 없다.
	마케팅 프로그램이 브랜드 자산에 미치는 영향을 측정하고 평가하는 메커니즘이 없다.
	브랜드 자산을 위한 장기적 전략이 없다.

브랜드는 충성도, 인지도, 연상 때문에 돈이 된다

1. 브랜드 충성도

브랜드가 돈인 이유 첫 번째는 브랜드 충성도Brand Loyalty입니다. 제가 직장 생활을 할 때 영국 유학을 하고 돌아온 박사의 집들이에 갔던 적이 있습니다. 집 입구 한쪽 벽면에 '볼빅'이라는 생수가 가득 쌓여 있었습니다. 이게 뭐냐고 물었더니 자신이 영국에서 마시던 물이라고 하더군요. 귀국하면 이 브랜드 생수를 못 마실 거라고 생각했는데 한국의 대형 유통점에서 발견하고 반가워서 대량으로 사놨다고 했습니다. 저는 속으로 "세상에! 수돗물만 안 마시면 다행이지 뭐 이렇게 유난을 떠나?" 싶다가도 "자동차와 같은 고가 제품뿐만 아니라 심지어 생수에도 브랜드 충성도가 존재하는구나." 라고 깨달았습니다.

✓아무거나 괜찮다	1.00
✓어느쪽이 좋을까	2.63
✓이것이 낫다	3.76
✓이것이라야 한다	8.89

생수에도 "나는 이 브랜드의 생수가 아니면 안 돼."라고 여기는 사람이 있습니다. 반면 "나는 아무 브랜드 생수든 상관없어."라고 여기는 사람이 있습니다. 전자는 비싸도 사고 후자는 비싸면 다른 브랜드를 구매합니다. "어느 쪽이 좋을까?"를 고민하는 사람도 있고 "그래도 이 브랜드가 낫지." 정도로 생각하는 사람도 있을 텐데요. 업계에 따르면 '아무거나 괜찮다.'라고 생각하는 고객이 1만큼 이익에 기여한다고 할 때 '이것이라야 한다.'라고 생각하는 고객은 8.89, 거의 9배에 가까운 이익을 낸다고 합니다.

2. 브랜드 인지도

두 번째는 브랜드 인지도Brand Awareness입니다. 맥주 이야기를 해보죠. 강의 시간에 "여러분, 맥주 이름 뭐 아세요?"라고 질문합니다. 대부분 하이트나 카스 등의 이름을 대답합니다. 맥주를 제품 차원에서 정의하면 '색깔이 누리끼리한 액체로서 5도 전후로 차갑게 해서 마시면 속이 시원하게 뚫리고 계속 마시면 기분이 좋아지고 말이 많아진다.'가 됩니다. 하지만 브랜드 차원에서 정의하면 다릅니다.

앞선 질문에 제일 먼저 나오는 브랜드가 '최초 상기top of mind'입

최초 상기
Top of the Mind

비보조 상기
Brand Recall

보조 인지
TBrand Recognition

무인지Unaware of Brand

니다. 제일 먼저는 아니지만 두세 번째로 나오면 '비보조 상기brand recall'의 범주 내에 있다고 합니다. 외국 맥주는 바로 떠올리기 힘들지만 "이런 맥주 들어보셨죠?"라고 물으면 고개를 끄덕입니다. 미켈롭, 산미구엘, 밀러 등이 그렇습니다. 주관식으로는 안 나오지만 객관식으로는 답이 나오는 범주입니다. '보조 인지brand recognition'의 범주에 있는 겁니다. 어떤 맥주는 이름을 말해줘도 모릅니다. 트라피스트 로슈포르는 벨기에의 유명한 맥주라고 하네요. 10분 후에 어떤 맥주였냐고 물으면 "벨기에 맥주인데 이름이 길어요."라는 답변이 나옵니다. '무인지unaware of brand' 범주에 있는 겁니다.

이게 왜 중요할까요? 식당에서 맥주를 주문할 때 식당 직원이 무슨 맥주를 원하는지 되묻습니다. 이때 자연스럽게 최초 상기에 있는 맥주 이름을 댑니다. 브랜드 인지도가 돈인 이유입니다.

3. 지각된 품질

세 번째는 지각된 품질Perceived Quality입니다. 프랑스산 유명 와인과 칠레산 와인을 잔에 따라 블라인드 테스트를 합니다. 어느 쪽

이 입맛에 맞냐고 물은 뒤 원산지를 알려줍니다. 프랑스산을 선택한 사람은 뿌듯해하고 칠레산을 선택한 사람은 좀 당황합니다. 그러면서 묻지도 않았는데 어제 술을 많이 마셔서 아직도 혀가 마비된 것 같다며 조만간 다시 한번 해보자고 합니다. 칠레산 와인 판매업자는 분통이 터집니다. 분명 자신의 입맛에 맞는 와인이 칠레산인데 오히려 프랑스산 맛을 선택하지 못한 자신을 탓하니까요. 이게 바로 지각된 품질입니다. 제품의 질이 제품에 있는 것이 아니라 소비자의 머릿속에 있다는 거죠. "프랑스산 와인은 고급이다." 라는 인식이 소비자의 머릿속에 있기 때문에 비싸도 팔립니다.

4. 브랜드 연상

네 번째는 브랜드 연상Brand Association입니다. 흔히 말보로 담배를 사례로 드는데요. "말보로 하면 뭐가 떠오르십니까?"라는 질문에 가장 많이 응답하는 것이 "말보로 맨"입니다. 이어서 "말보로 맨하면 뭐가 떠오르십니까?"라고 물으면 "말 탄 카우보이"가 떠오른다고 합니다. "말 탄 카우보이 하면 뭐가 떠오르십니까?"라고 물으

면 "대자연"이 떠오른다고 답합니다. 결국 말보로 → 말보로 맨 → 말 탄 카우보이 → 대자연 순으로 연상하는 겁니다. 이렇게 연상하는 사람의 기분이 좋아지고 매출이 자연스럽게 올라갑니다.

　말보로에서 두 번째로 많이 떠오르는 연상은 빨간색입니다. 강한 인상을 주기 위해 빨간색을 썼는데 고맙게도 고객이 잘 기억합니다. 그런데 그다음의 연상이 문제입니다. 앞서와 같은 방식으로 질문했더니 '빨간색, 강하다, 맛이 강하다, 맛이 독하다, 건강에 나쁘다.'로 생각이 이어졌습니다. 건강에 나쁘다고 하니 매출이 감소하겠죠. 이후 말보로는 빨간색의 말보로가 아니라 금색의 말보로 라이트를 전면에 내세우며 매출 감소를 막았습니다. 이렇게 브랜드 이름을 들었을 때 무엇이 연상되는지에 따라 매출이 늘기도 하고 줄기도 합니다.

브랜드 자산은 물, 맥주, 와인, 담배를 생각하면 된다

　브랜드 충성도, 브랜드 인지도, 지각 품질, 브랜드 연상으로 읽

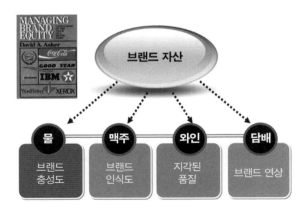

으면 잘 외워지지 않습니다. 대신 앞에서 예시로 든 물, 맥주, 와인, 담배를 기억하는 겁니다. 우리 회사의 제품과 서비스를 물, 맥주, 와인, 담배 차원에서 점검해보는 겁니다. 그러면 해야 할 일이 많이 떠오를 겁니다.

✳ 더 생각해볼 것들!

브랜드 확장과 브랜드 신뢰는 다르다

정구현 이 책에서는 브랜드 확장Brand Extention을 주로 기존의 브랜드와 연관성이 있느냐를 가지고 논의하고 있습니다. 이 부분은 많은 나라의 상황과 다른 것 같아요. 대부분의 개발도상국에서는 아직도 가족기업이 주류를 이루고 있고 여러 산업에 진출해 있습니다.

예를 들면 인도의 대표적인 그룹인 타타그룹만 해도 설립일이 1868년으로 되어 있는 뿌리 깊은 가족기업입니다. 이 재벌기업의 사업 영역이 매우 다양한데 모두 타타라는 기업 브랜드를 사용하고 있는 것 같습니다. 이런 경우는 브랜드 확장의 개념이 아니고 그룹의 아이덴티티입니다. 이는 업종과 관계없는 일종의 신뢰의 상징이 아닐까요? 기업 집단의 상호나 브랜드는 브랜드 확장의 개념으로 설명할 수 없을 것 같아요. 기업 브랜드의 개념이나 브랜드 신뢰로 연결해야 할 것 같습니다.

한류는 국가 이미지와 브랜드를 형성한다

정구현 한때 국가브랜드위원회라는 게 있었지요. 마케팅에서 '원산지 효과'라고 하기도 합니다. 우리나라처럼 수출로 먹고사는 나라는 국가 이미지가 상당히 중요할 것 같아요. 2023년에 자카르타에 며칠 갔다 왔는데 최근에 넷플릭스 10위 안에 한국 영화나 드라마가 6개 내지 7개는 보통 포함된다고 합니다. 이처럼 한류가 세계적으로 인기가 있으면 이게 한국의 이미지에 상당한 영향을 주지 않을까요? 앞으로 우리 문화 산업에 상당히 유리한 상황이 전개될 것 같습니다. 엔터테인먼트 산업은 물론이지만 식품, 화장품, 의류, 심지어는 지식산업(대학)에도 영향이 있으리라 봅니다. 한류와 국가 이미지National Brand 그리고 이에 따른 기업의 기회에 대해 생각할 필요가 있습니다.

5. (경영 고전) 『갈등의 전략』

: 포컬 포인트를 통해 협상에서 승리하라

토머스 셸링은 누구인가

토머스 셸링은 1921년 미국 캘리포니아주 오클랜드에서 태어났습니다. UC버클리 경제학과를 졸업하고 1951년 하버드대학교에서 경제학 박사학위를 취득했습니다. 예일대학교 경제학과 교수를 지낸 후 하버드대학교로 옮겨 경제학과 교수와 케네디행정대학원 교수를 역임했습니다. 이후 메릴랜드대학교에서 경제학자로서 커리어를 마무리했습니다.

그는 1948년부터 1953년까지 미국 행정부에서 마셜플랜(유럽부흥계획)의 입안과 실행에 참여했으며 백악관에서 대통령 외교정책 자문으로서 군사외교와 대외원조 정책 수립에 깊이 관여했습니다. 미국과 유럽을 오가며 활동과 연구를 병행한 그의 경험은 이후 대학에서 냉전 시대의 세계 안보와 핵 억지 전략 등에 관한 깊이 있

토머스 셸링(Thomas Schelling, 1921~2016)

는 연구 성과로 이어졌습니다. 1980년대 이후에는 지구온난화, 환경, 에너지 문제 등으로 연구 범위를 확장했습니다.

2005년 로버트 아우만 이스라엘 히브리대학교 교수와 함께 게임이론을 통해 갈등과 협력에 대한 이해를 증진한 공로로 노벨경제학상을 공동 수상했습니다. 그는 백인 주택 소유주들이 왜 여러 인종이 뒤섞인 도심에서 교외로 떠나는지를 게임이론을 활용해 연구했습니다. 이 아이디어는 말콤 글래드웰의 『티핑 포인트』로도 널리 알려졌습니다.

일단 협조하고 상대방을 따라 하는 게 최선이다

게임이론은 여러 경제 주체의 이해관계가 복잡하게 얽혀 있는 상황에서 어떤 결과가 나타날지를 예측하고 그 결과를 이해하는 학문입니다. 경제학뿐만 아니라 인간과 조직행동을 연구 대상으로 하는 모든 학문 분야에 응용될 수 있는 방법론으로 부각되고 있습니다. 예를 들어 가격을 어떤 구조로 책정하면 고객이 내가 원하는 가격의 상품을 가장 많이 살 수 있을지를 예측하는 것도 게임이론의 한 분야입니다.

게임이론은 어렵지만 언론에서 흔히 나오는 몇 가지 용어를 이해하면 좋습니다. 먼저 '내시 균형'입니다. 이는 게임 참여자가 모두 상대방의 전략에 대해 최선의 대응을 하는 상태를 의미합니다. 예를 들어 1차선 도로에서 두 운전자가 한 명은 상행선, 다른 한 명은 하행선을 달리고 있다고 가정해봅시다. 모두가 좌측 통행을 하거나 모두가 우측 통행을 한다면 문제가 없습니다. 그러나 한 명은 좌측 통행을 하고 다른 한 명은 우측 통행을 한다면 충돌이 발생합니다. 어느 방향으로 통행할지는 나라마다 다르지만 이를 절대적으로 지킵니다. 그렇지 않으면 운전자의 목숨이 위태로워지기 때문입니다. 이 또한 내시 균형 상태에 있는 것입니다.

다음은 '죄수의 딜레마'입니다. 범죄를 저지른 공범 칠수와 만수에게 따로 묻습니다. "범인아, 잘 들어봐. 둘 다 자백하면 5년형이야. 둘 다 부인하면 1년형이지. 너만 자백하면 너만 석방이야. 상대방은 자백했는데 너는 부인하면 너만 10년형이야." 죄수 입장에서는 서로 부인해서 1년형을 사는 것이 최적입니다. 하지만 각자 입장에서 꼼꼼히 계산해보면 상대방이 어떤 행동을 취하더라도 자백하는 것이 유리한 결과가 나옵니다. 그래서 서로 자백해서 5년형을 사는 것이죠. 이를 죄수의 딜레마라고 하며 게임이론의 대표적

내시 균형	고속도로위 두 운전자		하행선 운전자	
			좌측통행	우측통행
상행성 운전자		좌측통행	生　生	死　死
		우측통행	死　死	生　生
죄수의 딜레마	취조받는 두 용의자		민수	
			자백	묵비권
철수		자백	5년　5년	석방　10년
		묵비권	10년　석방	1년　1년
팃포탯	반복게임과 따라하기 전략 (첫 번째 게임에서 협조, 두 번째 게임부터는 상대방 따라하기)			

인 사례로 널리 알려져 있습니다.

마지막으로 '팃포탯Tit-for-Tat'입니다. 이는 '죄수의 딜레마'가 반복되는 상황입니다. 자백하는 것이 유리할지, 부인하는 것이 좋을지를 끊임없이 고민하게 됩니다. 복잡한 과정은 학자들에게 맡기고 그 결과, 즉 "일단 협조한다. 그다음부터는 상대방의 행동을 따라 한다."라는 전략이 가장 우세하다는 정도만 알면 되겠습니다.

갈등을 다뤄 게임이론 분야의 거장으로 등극하다

게임이론 분야는 노벨경제학상의 단골 수상 분야입니다. 이 분야에서 2005년에 노벨경제학상을 수상한 인물은 토머스 셸링입니다. 그가 이 분야의 거목으로 성장하게 된 계기는 39세이던 1960년에 저술한 『갈등의 전략』 덕분입니다.

그는 책 제목을 정하는 데 많은 고민을 했습니다. 협상이론, 갈등이론, 전략이론을 모두 포괄하고 싶었고 게임이론이 여러 분야에 적용될 수 있는 실용적인 학문이라는 것을 알리고 싶었습니다.

갈등 관련 이론은 크게 두 가지로 나뉩니다. 하나는 병리학적 현상으로 원인과 치료법을 찾는 이론입니다. 다른 하나는 갈등을 당연한 것으로 여겨 그와 관련된 행동을 연구하는 이론입니다. 셸링은 후자의 갈등을 '참가자들이 승리하려는 일종의 경합'으로 간주합니다. 이는 성공하기 위한 경합과 승리에 따른 행동 규칙을 의미합니다.

토머스 셸링은 갈등을 다루는 전략이 세 가지 측면에서 흥미롭다고 밝혔습니다. 첫째, 우리는 언제든 갈등에 말려들 수 있으며 갈등 상황에서는 승리를 원하는 당사자가 됩니다. 둘째, 우리는 갈등 상황에 있는 당사자들이 어떻게 행동하는지 알고 싶어 합니다. 셋째, 우리는 갈등 관계에 있는 사람들의 행동을 통제하거나 영향을 주려고 합니다. 따라서 우리가 구사할 수 있는 변수가 어떤 영향을 줄 수 있는지 알고 싶어 합니다.

제로섬 게임과 논제로섬 게임 두 가지 상황이 있다

게임이론에는 여러 분야가 있는데 그중 먼저 제로섬zero-sum 게임이 있습니다. 이는 '너의 불행이 나의 행복'이라는 윈-루즈win-lose 게임입니다. 내가 더 이익을 보기 위해서는 상대방이 그만큼 손해를 봐야 하는 구조죠.

예를 들어 아버지가 두 형제에게 100달러를 주며 50달러씩 나눠 가지라고 했습니다. 그런데 형이 동생에게 가위바위보를 제안

합니다. 이긴 사람이 10달러를 더 갖기로 하자고요. 동생은 고개를 끄덕였고 가위바위보 결과 형이 이겼습니다. 형은 60달러를 갖고 동생은 40달러를 가지게 되죠. 합치면 100달러인 것은 변함이 없지만 형은 10달러를 이득 봤고 동생은 10달러를 손해본 셈입니다.

하지만 세상에는 이러한 상황만 존재하는 것은 아닙니다. 논제로섬non-zero-sum 게임, 즉 윈-윈win-win 상황도 많이 존재합니다. '너의 행복이 나의 행복'인 상황을 말하는데요. 이를 위해서는 상대방의 마음을 잘 읽어야 합니다. 역지사지와 이심전심의 정신이 필요한 까닭입니다.

셸링 교수는 논제로섬 분야의 대가입니다. 그는 윈-윈 방법론으로 '포컬 포인트focal point'를 제시했습니다. 포컬 포인트는 아주 흥미로운 개념인데요. 여러분에게 몇 가지 질문을 해보겠습니다.

포컬 포인트는 말하지 않아도 알 수 있는 합의점이다

A와 B가 100달러를 나누는 상황을 가정해봅시다. 각자가 자신이 원하는 금액을 종이에 적습니다. 두 종이에 적힌 금액의 합이 100달러를 넘지 않으면 각자 자신이 적은 금액을 받을 수 있지만 100달러를 넘으면 둘 다 돈을 받지 못합니다. 여러분은 얼마를 적으시겠습니까? 그렇죠. 대부분의 사람은 50달러를 적습니다. 49달러나 51달러를 적는 사람은 많지 않습니다.

이제 좀 더 어려운 문제를 생각해봅시다. 서로 싸우기 싫지만 대치하고 있는 두 군대가 있습니다. 각 군대가 지역을 넓히다 경계선이 겹치면 싸움은 불가피합니다. 하지만 두 군대의 사령관이 지정한 경계선이 정확히 일치하면 두 군대는 싸우지 않게 됩니다. 각 사령관이 선택한 경계선은 어떤 것이 될까요? 바로 '강'입니다. 강은 명백한 암묵적 합의점이기 때문입니다. 실제 국경도 강을 따라 형성된 경우가 많습니다. 우리나라와 중국의 국경이 압록강과 두만강인 것도 같은 이유입니다.

마지막으로 좀 황당한 문제를 생각해봅시다. 당신은 내일 뉴욕에서 어떤 사람을 만나야 합니다. 하지만 장소나 시간에 대해서는 전혀 들은 바가 없습니다. 상대방 연락처도 없습니다. 상대방도 같은 조건이라면 당신은 내일 어디로 몇 시에 가겠습니까? 실제로 실험을 했는데 서로 모르는 사람들 12명을 둘씩 짝을 지어 각각 따로 떨어지게 한 다음 다른 팀을 찾게 했습니다. 6쌍의 사람들이 제각기 자기 짝과 의논한 내용은 셸링이 말한 포컬 포인트와 정확하게 일치했습니다. 그들은 모두 만날 시간이 정오라고 생각했으며 이정표가 될 지점으로 타임스스퀘어와 엠파이어스테이트빌딩을 생각했습니다. 그래서 3쌍은 타임스스퀘어로 갔고 3쌍은 엠파이어스테이트빌딩으로 갔습니다. 포컬 포인트는 정오인 12시와 엠파이어스테이트빌딩과 타임스스퀘어였던 것입니다.

묵시적 협상과 묵시적 조정은 이해관계 차이다

조금 더 깊이 들어가 보죠. 가장 황당한 문제였던 뉴욕에서 사람 만나기는 서로 공통의 이해관계를 갖고 있습니다. 이를 '묵시적 조정'이라 합니다. 앞서 100달러 나누기, 경계선 정하기는 서로 상충하는 이해관계를 갖고 있습니다. 내가 더 가지려면 상대방이 양보해야 하죠. 이를 '묵시적 협상'이라고 합니다. '명시적 협상'도 있습니다. 흥정할 때 "최저가가 2,507.63달러네요, 7.63달러는 깎아드릴게요."처럼 말이죠. '묵시적 협상과 제한전'이란 상황은 한국전쟁의 예를 들 수 있습니다. 핵무기 사용을 하지 않는다는 등의 약속이 작동했죠. 마지막으로 '사전 협의'도 놓쳐서는 안 됩니다. 대화의 통로는 항상 열어둬야 합니다.

묵시적 조정	공통의 이해관계
묵시적 협상	엇갈리는 이해관계
명시적 협상	최저가가 2,507.63달러네요. 7.63달러는 깎아드릴게요.
묵시적 협상과 제한전	한국전쟁에서 핵무기 사용 안 한다, 강을 넘지 않는다, 38선이 중간이다.
사전 협의	대화의 통로를 항상 열어두어야 한다.

셸링 교수는 이외에도 수많은 사례를 들어 포컬 포인트를 설명했습니다.

암묵적 합의점을 찾는 중요 원칙은 역지사지다

처음 문제를 접하게 되면 당사자들이 서로 소통할 수 없기 때문에 합의를 끌어내기 어려울 것처럼 보입니다. 그런데 흥미로운 점은 앞의 모든 사례에서 대부분의 당사자들이 합의를 끌어냈다는 것입니다. 그 근거는 "내가 상대방이라면 어떻게 생각할까?"라는 질문에서 나옵니다.

말하지 않아도 서로 통하는 것, 그것이 바로 포컬 포인트입니다. 흔히 서로 의견이 다를 때 협상하는 것은 이 포컬 포인트를 조절하는 것입니다. 협상에서 상대방과 소통이 가능하면 이 포컬 포인트를 자신에게 유리하도록 하기 위해 때로는 위협하고, 때로는 약속하고, 제삼자에게 위임하거나 중재를 요청하기도 합니다. 하지만 기본적으로 포컬 포인트는 힘과 법이 아니라 순리에서 상생의 길을 찾는 '암묵적 합의점'입니다.

마이클 포터의 『경쟁 전략』은 경쟁을 없애고 나만의 시장을 구축하기 위해 어떤 전략을 구사해야 하는지를 다룹니다. 블루오션 또한 나만의 시장을 창출하는 방법을 소개하죠. 아마존, 테슬라 등 여전히 시장을 독점하는 기업도 존재하지만 다른 경쟁 기업과의 상생을 추구하면서도 담합에는 걸려서는 안 되는 기업들도 다수 있습니다. 이때 필요한 것이 포컬 포인트입니다. "싸우지 않고 이기는 것이 가장 잘 이기는 것"이라는 말을 명심해야 할 이유입니다.

* 더 생각해볼 것들!

게임이론에는 논제로섬 게임만 있는 게 아니다

정구현 이 책의 기여는 논제로섬 게임, 그러니까 한쪽의 이득이 반드시 상대방의 손해가 되는 제로섬 게임이 아닌 게임을 주로 설명하고 있다는 점입니다. 기업에서 상황은 거의 복합협력게임

positive-sum game인 셈이지요. 이 책의 또 하나의 기여는 참여자 간에 의사소통이 없는 게임에 대한 통찰력을 제시한 것이라고 할 수 있습니다.

포컬 포인트는 안보 문제에도 적용 가능하다

정구현 셸링은 안보 및 군사 전략 전문가로 더 알려진 사람인데요. 미소 냉전 시대에 핵전쟁을 방지하려면 한쪽이 핵 선제공격을 하더라도 상대방이 반격할 수 있어야 선제공격을 하지 않을 거라는 흔히 MAD라고 하는 상호확증파괴mutually assured destruction 개념을 제시한 것 같습니다. 이 이론을 한반도에 적용해보면 어떻게 될까요? 요즘 미국과 한국이 북한에 대해서 보내는 메시지가 "만약 북한이 핵 선제공격을 하면 북한은 초토화되면서 몰락할 것이다."인데요. 북한이 이 협박을 믿게 하려면 어떻게 해야 할까요? 게임이론에서 여기에 대한 답이 나올까요?

신현암 이 책에는 "위협은 실패할 경우에 희생이 크다. 성공한 위협은 실행되지 않은 위협이다."라는 말이 나옵니다. 즉 북한이 미국과 한국의 경고를 신뢰하게 만들기 위해서는 위협이 현실적으로 실행 가능하다는 것을 확신시켜야 합니다. 이때 성공한 위협은 실제로 실행되지 않아야 하며 그 자체로 상대방을 억제하는 효과를 가져와야 합니다. 게임이론에서 이와 같은 상황을 분석하면 '신빙성 있는 위협'을 구축하기 위한 조건과 전략이 도출될 수 있습니다. 따라서 미국과 한국은 군사적, 정치적 측면에서 북한이 반격하

기 두려워할 충분한 능력을 갖추고 있음을 지속해서 보여주는 것
이 중요합니다.

4장
혁신 방법은 무엇인가

『비즈니스 모델의 탄생』　　『모방에서 혁신으로』

기업의 모든 활동이 혁신의 대상이다

기업경영에서 '혁신'이란 '새로운 아이디어를 실행해서 가치를 창출하는 활동'으로 정의할 수 있습니다. 이렇게 말하면 간단한 것 같지만 사실은 아이디어가 결실을 맺는 과정은 매우 험난하지요. 이 과정은 아이디어 착상, 개념 개발, 개념 실현의 3단계입니다. 수 많은 아이디어를 생각해내고 그중에서 쓸 만한 개념을 발굴해 방향을 정하고 나서 비즈니스 모델을 구축하기까지가 개념 설계와 개발 단계입니다. 그다음에 제품개발을 시작해 프로토타입을 만들고 검증을 거쳐서 상품화하는 과정이 개념 실현 단계입니다.

그런데 개념 실현 단계 이후에 상업화에 성공하려면 시장 테스트를 통과해야 합니다. 기술혁신의 성과로 신제품이 시장에 나오더라도 이 신제품의 강점이나 매력을 소비자가 알아주어야 합니다. 그래서 혁신확산모형이 나오게 됩니다. 혁신을 초기에 수용하

아이디어 파이프라인*

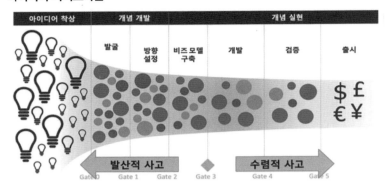

혁신확산모형

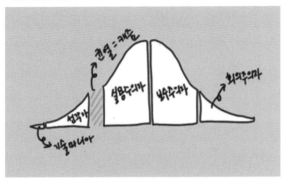

는 마니아 소비자를 거쳐서 모험적인 조기수용자인 선각자 그룹을 지나야 본격적인 대량소비시장인 실용주의자층을 만나게 됩니다. 선각자와 실용주의자 사이에 '캐즘'이라고 하는 균열이 존재하는데 이를 뛰어넘지 못하면 그 제품은 시장에서 실패합니다. 혁신이 시장의 성공으로 이어지는 것은 역시 어렵지요.

---

* 김은환(2023), 한국기업의 인재경영과 돌파형 혁신, 제이캠퍼스 연구보고서, 제12호, 44쪽.

2024년에 전기차가 겪고 있는 갑작스러운 소비 위축도 캐즘의 예로 볼 수 있습니다. 전기차의 가격, 안전성(화재 위험), 편의성(충전의 불편함) 등에 대해서 소비자들이 회의를 갖기 시작하는 시기입니다. 이를 극복하려면 한 차례 더 혁신이 필요하겠지요. 그러니까 하나의 원천적인 또는 파괴적인 혁신이 나와도 이 혁신을 지탱하려면 추가적인 혁신이 필요합니다. 관련해서 기술혁신에서 가끔 나오는 용어로 악마의 강, 죽음의 계곡, 다윈의 바다가 있습니다. 다들 무시무시한 용어들입니다. 악마의 강은 연구개발이 구체적인 상품으로 나올 때까지의 자금난 등 어려운 시기를 말합니다. 죽음의 계곡은 신제품이 나왔으나 매출이 제대로 나오지 않는 시기를 의미합니다. 다윈의 바다는 사업의 성공을 달성하기 위해서 경쟁 우위를 갖춰야 하는 시장경쟁의 시기를 말합니다.

한국이나 동아시아 기업은 과거에는 미국 시장에서 초기 혁신기를 지나서 시장에서 이미 자리를 잡은 제품을 생산해서 수출했지요. 그러나 이제는 선진국 기업과 동등하게 경쟁하기 때문에 이런 혁신의 어려운 과정을 다 거쳐야 합니다. 그러니까 한국 스타트업들도 이제 이런 과정을 거쳐야 한다는 말입니다. '빠른 추격자'에서 '혁신의 리더'가 된다는 것이 예사로운 일이 아님을 인식해야 합니다. 효율적인 기업에서 탐험적인 기업으로 거듭나야 합니다. 이 변신은 기업 문화의 대전환을 요구합니다.

혁신의 대상은 기업의 모든 활동이 됩니다. 제품이나 서비스, 생산 및 운영 프로세스, 비즈니스 모델을 포함합니다. 보통 혁신이라고 하면 기술혁신을 많이 생각합니다. 넓은 의미의 기술혁신에는 제품기술, 공정기술, 기술을 활용한 업무효율화도 포함합니다. 요즘 추세인 디지털전환DX도 디지털 기술을 활용한 혁신입니다. 기술혁신은 기초연구나 응용연구에서 끝나지 않고 실행되고 상업화되어야 진정한 혁신이라고 하겠습니다.

혁신은 그 정도나 범위에 따라서 점진적 혁신(개선), 돌파형 혁신, 와해적 혁신으로 나누기도 합니다. 점진적 혁신은 생산성을 조금 높이거나 제품을 개량하는 수준의 혁신으로 기업에서 일상적으로 일어나는 혁신입니다. 돌파형 혁신 또는 확장형 혁신은 새로운 아이디어를 사업에 적용해서 돌파구를 여는 형태의 혁신입니다. 전기차로 예를 들면 한 번 충전해서 기존의 400킬로미터 주행에서 600킬로미터 주행으로 배터리 성능을 개선하는 것이 일종의 돌파형 혁신 또는 확장형 혁신입니다. 반면에 와해형 혁신은 전기차 자체나 새로운 배터리의 개발과 같은 것입니다. 전기차는 기존의 내연기관차를 대체하니까 와해적입니다. 삼원계 배터리는 기존의 리튬인산철LFP 배터리를 대체하니까 와해적입니다. 돌파형 혁신과 와해적 혁신의 구별은 그렇게 뚜렷하지는 않습니다. 대표적인 와해형 혁신은 2007년 애플의 스마트폰일 겁니다. 그전의 휴대폰 시장을 완전히 뒤집었지요. 세계 시장점유율이 40%에 달했던 노키아가 하루아침에 망했습니다. 우버나 에어비앤비도 와해형 비즈니스 모델 혁신입니다. 기존 산업의 개념을 뒤바꿔 놓았지요. 차량을 한 대도 소유하지 않는 택시 회사가 생긴 겁니다.

한국 기업은 혁신을 어떻게 할 것인가? 지금까지는 모방과 점진적 혁신으로 여기까지 왔습니다. 소위 '추격형 경제성장 모델'을 채택해 선진국의 기술을 배워서 선진국보다 더 싸게 때로는 더 잘 만들었습니다. 냉장고와 에어컨은 오래된 제품이지만 개량할 건 많습니다. 전기를 조금 쓰게 만들고 디자인을 새롭게 하는 다양한 점진적 혁신이 있습니다. 이런 점진적 혁신을 통해서 제품을 고급화해서 고부가가치를 달성했습니다. 그러던 중에 획기적인 혁신을 하게 되었습니다. 메모리 반도체에서 고성능 제품을 먼저 개발하고 또 플래시 메모리라는 새로운 제품도 개발했습니다. 말하자면 신산업에서 획기적으로 성능을 개량하는 혁신을 통해 시장 위치를 확보했습니다. 이런 혁신을 돌파형 혁신으로 부르기로 합니다. 한국 기업은 돌파형 혁신으로 단순 모방의 추격형 경제에서 탈피했습니다.

한국 기업은 컴퓨터를 새로 만들거나 인터넷을 만들거나 스마트폰을 만들지는 않았습니다. 그러나 PC용 메모리 반도체를 아주 잘 만들었고 스마트폰도 운영체제os를 만들지 않고 안드로이드를 사용했지만 디자인이나 성능에서 우수한 제품을 만들어서 세계 시장에서 점유율 1, 2위를 다투고 있습니다. 말하자면 한국 기업은 아직 와해적 혁신은 별로 한 것이 없지만 돌파형 혁신을 통해 세계 5위의 기술강국이며 제조업강국이 되었습니다. 앞으로 인공지능, 디자인 칩, 고성능 컴퓨터, 바이오 등 여러 산업에서 와해형 혁신이 나타나겠지요. 한국 기업은 이런 혁신에 참여할 수도 있고 또 새로 등장하는 산업에서 기존의 강점을 바탕으로 상당한 돌파형 혁신을 할 수도 있습니다. 꼭 기술선도국만 살아남는 것은 아니니까요.

아이디어 파이프라인의 전반기인 '개념 설계와 개발 단계'에는 발산적 또는 탐색적exploration 사고가 필요합니다. 후반부인 '개념 실행과 상업화 단계'에는 수렴적exploitation 사고가 필요합니다. 1970년대 이후 지난 50여 년의 세계 가치사슬을 보면 개념 설계는 미국에서 했고 개념 실현과 대량생산은 동아시아에서 담당해 왔습니다. 매우 효율적인 분업 모델이었습니다. 그런데 미국이 개념 설계에서 우위에 있었던 까닭은 단순히 기술이 앞서 있었기 때문만은 아닙니다. 우수한 대학과 인력이 있어서 아이디어 착상과 방향 설정을 잘했고 그다음 단계로 비즈니스 모델을 구축하거나 제품개발과 검증 단계에서 잘 발달된 모험자본 시장과 창업생태계(실리콘밸리)가 있어서 우위에 있었습니다. 이런 미국 시장의 배경을 고려하지 않고 단순히 한국도 이제 개념 설계 역량이 필요하다는 주장은 성급합니다.

혁신의 방법론에 해당하는 책은 시즌 1에서 김위찬과 마보안의 『블루오션 전략』과 슬라이워츠키와 웨버의 『디맨드』가 있으며 앤더슨의 『메이커스』는 제조업에서의 혁신 방안을 제시하고 있습니다. 사업모델 혁신을 다룬 책은 시즌 2에서 해멀의 『꿀벌과 게릴라』와 시즌 3에서 오스터왈더와 피그누어의 『비즈니스 모델의 탄생』이 있고 김인수 교수의 『모방에서 혁신으로』는 기술혁신을 다루고 있습니다. 미국에서 나온 혁신에 관한 책들은 물론 미국의 시장과 여건을 전제로 쓰였기 때문에 한국 실정에 바로 적용하는 데 문제가 있겠습니다.

• 김위찬과 마보안의 『블루오션 전략』(2005)

이 책은 경쟁을 피해서 독특한 시장 위치를 찾아내는 방법론을 제시하고 있습니다. 구체적으로는 제거eliminate, 축소reduce, 확장raise, 창조create의 4단계를 거쳐서 새로운 가치곡선을 창출하는 방법론을 많은 기업 사례를 통해서 제시하고 있는데요. 이 책은 세계적으로 히트했는데 경쟁을 피해서 혁신적인 아이디어와 전략으로 새로운 시장을 찾으라는 메시지가 매력적이기 때문입니다.

그러나 성공하는 기업에는 항상 모방하는 경쟁자가 나타나게 마련이지요. 말하자면 블루오션도 시간이 지나면 레드오션이 되게 마련입니다. 물론 브린VRIN이라고 하는 가치 있고 희소하고 모방이나 대체가 어려운 조건을 가진 경쟁우위를 만들 수 있으면 계속해서 블루오션에 남아 있을 수 있겠지요. 그러나 과연 경쟁사가 모방하기 어려운 우위가 얼마나 있겠습니까? 이런 우위는 이상적인 상태이고 실제로 지속가능한 경쟁우위는 달성하기가 매우 어렵습니다.

• 슬라이워츠키와 웨버의 『디맨드』(2011)

이 책은 『블루오션 전략』과 유사한 시도를 하고 있습니다. 고객의 미충족 욕구(고충지도)를 찾아서 충족시킬 수요 창출(제품개발)

방법을 매력, 고충지도, 배경스토리, 방아쇠, 궤도, 다변화의 6단계로 제시하고 있습니다. 이 두 책이 제시하는 것은 결국 끊임없는 혁신만이 지속가능한 경쟁우위를 유지할 수 있다는 주장입니다. 그렇다면 다시 조직론으로 돌아가게 됩니다. 지속가능한 경쟁우위는 끊임없이 혁신하는 조직에서 나오기 때문입니다. 현실적으로 지속가능한 경쟁우위는 가능하지 않기 때문에 실제로는 일시적인 경쟁우위를 계속 만들어야 한다는 주장도 있는데 결국은 같은 처방을 낳게 합니다.

• 앤더슨의 『메이커스』(2012)

이 책은 오픈소스 하드웨어나 3D프린터와 같은 신기술이 수많은 DIY형 중소 제조업을 탄생시킬 것으로 전망하며 구체적인 방법론을 제시하고 있습니다. 저자의 창업과 혁신의 경험을 바탕으로 지금의 상황에서는 개인도 창의적인 아이디어를 가지고 있으면 혁신이 가능하다는 구체적인 사례를 많이 제시하고 있습니다. 크리스 앤더슨은 롱테일과 프리코노믹스 개념의 창시자이기도 합니다. 저자는 와해적 혁신을 달성하는 데는 대기업보다 오히려 소기업이 더 유리할 수 있다는 점을 시사하고 있습니다. 혁신만 할 수 있다면 제조업은 영원하다고 주장합니다.

• 해멀의 『꿀벌과 게릴라』(2000)

게리 해멀은 프라할라드와의 공저인 『시대를 앞서는 미래 경쟁

전략』(1994)를 쓴 후 6년 만에 이 책을 썼습니다. 전작은 핵심역량이라는 개념을 도출해서 크게 주목을 받았는데 이 책은 혁신을 강조합니다. 혁신 정도가 아니라 혁명을 이야기하고 있습니다. 이 책은 닷컴 버블이 한참이던 2000년에 출간되었는데요. 그 당시의 상황은 지금과 유사한 점이 있습니다. 당시는 이커머스 등 'e' 자가 들어가면 기업 가치가 폭등하는 그야말로 버블이 심한 시기였지요.

콜린스의 『좋은 기업을 넘어 위대한 기업으로』와 해멀의 책은 비슷한 점이 많습니다. 두 저자 모두 7년 전에 공저로 쓴 책이 히트한 후 그 후속편은 단독으로 썼습니다. 콜린스의 후속편은 투입한 노력에 비해서는 결과물이 다소 아쉬웠는데요. 해멀의 책도 그런 느낌입니다. 히트한 영화도 속편이 원작만 못한 경우가 많지요. 「반지의 제왕」 「록키」 등이 그렇지요. 이 책은 기업이 성공하기 위해, 특히 혁신을 잘하기 위해 어떻게 해야 할지에 대한 구체적인 방안이 미흡하다고 생각합니다. 사업모델 혁신에 관한 책이나 그 내용은 3장에 나와 있고 막상 다른 장과 3장이 잘 연결되지 않습니다. 개념이나 모델은 비교적 단순한데 책의 많은 부분은 여러 기업의 사례로 채워져 있습니다.

이 책의 비극은 엔론입니다. 책이 2000년에 나왔는데 엔론이 2001년 12월에 파산했지요. 이 책에서는 엔론, 찰스슈왑, 시스코가 사업모델 혁신의 가장 대표적인 사례로 자주 언급되고 있습니다. 엔론은 1996년부터 파산한 해인 2001년까지 6년 연속 포춘이 '미국의 가장 혁신적인 기업'으로 선정했으니 저자가 이 책을 쓴

1998년과 1999년경에 이 회사의 분식회계를 알 수가 없었겠지요. 이 책에서 모범적으로 언급한 혁신기업이 분식회계로 파산했다고 해서 내용 전체가 쓸모없게 된 것은 아니지만 상당한 피해를 준 건 사실입니다. 대니 밀러의 『이카루스 패러독스』는 성공한 기업이 왜 몰락하는가를 설명했는데 엔론도 성공에 도취되어 원칙을 저버린 뼈아픈 실패 사례입니다.

• 오스터왈더와 피그누어의 『비즈니스 모델의 탄생』(2010)

저자인 오스터왈더는 경영전략 및 혁신 전문 컨설팅 회사를 설립했고 비즈니스 모델을 체계적으로 설계하는 비즈니스 모델 캔버스를 창시했습니다. 비즈니스 모델 캔버스란 기업이 어떻게 가치를 창조하고 전파하여 수익을 내는지를 체계적으로 설명하는 경영 기법입니다. 캔버스는 아홉 가지 블록으로 구성되어 있는데요. 마케팅(다운스트림) 쪽 활동은 ① 가치제안 ② 고객 세분화 ③ 유통 채널 ④ 고객관계로 구성됩니다. 가치제안을 뒷받침하는 운영은 ⑤ 핵심 자원 ⑥ 핵심 활동 ⑦ 핵심 파트너십으로 구성됩니다. 그리고 기업의 수익성은 ⑧ 수익 흐름과 ⑨ 비용 구조로 결정됩니다.

기업 활동을 비즈니스 모델(가치창출과 가치획득)과 운영 모델(규모, 범위, 학습)로 나누는 시각도 있으나, 오스터왈더는 운영 모델까지도 캔버스에 담았어요. 여기서 ②③④를 묶어서 고객관리로 정리한다면 ① 가치제안은 결국 제품혁신이 됩니다. 이렇게 나누면 비즈니스 모델은 제품혁신(차별화), 고객관계, 운영으로 압축됩니다. 이 셋은 서로 연결되어 있는데요. 고객에게 가치 있는 제안을 하려면 결국 고객에 대한 진정한 이해가 있어야 합니다. 이 책에서는 공감지도를 통해 고객이 가진 불만과 진정으로 원하는 것을 찾아내려고 합니다. 또한 변모하는 기업의 환경 속에서 계속해서 비즈니스 모델을 재구축하는 노력의 일환으로 트렌드 변화의 모니터링 틀도 제시하고 있습니다.

• 김인수의 『모방에서 혁신으로』(2000)

'모방에서 혁신으로'라는 제목은 우리나라가 한국전쟁 이후부터 1990년대 말까지 어떻게 고도 경제성장을 이루었는지를 기업의 기술능력 학습과 기술혁신 성과를 통해 설명하는 키워드라고 할 수 있습니다. 김인수 교수는 이 책을 통해 우리나라의 경제성장과 발전 과정의 핵심을 거시적 관점에서 국가기술혁신체제 이론과 미시적 관점에서 기업의 기술능력 학습에 대한 동태적 이론을 통합한 모델을 제시하고 있습니다.

경제학 측면에서 한국의 고도 경제성장을 규명하는 연구는 꽤 있었습니다. 하지만 이를 산업의 주역이라 할 수 있는 기업의 기술능력 학습과 기술혁신 성과를 중심으로 설명한 경영학적 연구는 처음이라 할 수 있는데요. 우리나라의 성공적인 기술능력 학습과 기술혁신 성과는 조율자이자 지원자로서 정부의 도전적인 성장 목표 제시와 이에 상응하는 인센티브를 제공하는 역할, 기업가 정신을 가진 재벌 기업의 경영자가 기술 확보를 위한 필사적인 노력과 위기의식으로 이룬 돌파형 혁신, 우수한 역량을 가진 구성원들의 헌신적인 근로 윤리와 희생, 비공식적인 해외 기술 유입, 수출 시장에서의 치열한 경쟁, 그리고 연구개발 투자의 획기적인 증가 등이 서로 어울려 가능했다고 요약하고 있습니다.

하지만 그중에서도 가장 중요한 것이 바로 기업을 중심으로 경영자와 구성원들의 필사적인 기술능력 학습과 이를 통한 기술혁신 노력이 그 핵심이 아닌가 합니다. 특히 동태적 학습관리는 도입기술과 자체기술의 결합, 해외 기술개발 동향 탐색, 교육훈련을 통한 인적자원 개발, 경영자와 구성원 모두의 기업가 정신 함양, 그리고 위기의식의 조성 등이 중요하다고 강조하고 있습니다.

2. (경영 고전) 『비즈니스 모델의 탄생』

: 비즈니스 모델을 체계적으로 설계하라

알렉산더 오스터왈더와 이브 피뉴르는 누구인가

알렉산더 오스터왈더는 스위스 로잔대학교에서 정치학을 전공하고 2004년 경영정보시스템학MIS으로 박사학위를 받았습니다. 2019년 싱커스 50에서 4위에 선정됐습니다. 새로운 비즈니스 모델을 설계하고 테스트해 혁신 조직을 경영하기 위한 전략적 관리 도구인 '비즈니스 모델 캔버스'를 창시한 것으로 유명합니다.

이브 피뉴르는 스위스 로잔대학교 교수로서 알렉산더 오스터왈더의 스승입니다.

2000년대 초 비즈니스 모델이란 용어가 대두하다

"비즈니스 모델이 어떻게 됩니까?"

2000년 스타트업이 한창일 때 투자자가 창업자에게 가장 먼저

알렉산더 오스터왈더(Alexander Osterwalder, 1974~)　이브 피뉴르(Yves Pigneur, 1954~)

묻는 질문이었습니다. 이는 결국 어떻게 돈을 벌 것인가를 묻는 것 인데 "어떻게 수익을 창출할 겁니까?"라는 질문보다 훨씬 멋지게 들렸습니다. 그래서일까요? 이 시기부터 비즈니스 모델이라는 용 어가 자주 들리기 시작했습니다.

당시에는 막연하게 얘기했지만 2010년 『비즈니스 모델의 탄생』 이 발간되면서 개념이 명확해졌습니다. 특히 그들이 제시한 '비즈 니스 모델 캔버스Business Model Canvas'는 직관적이고 포괄적이면서 유연성도 높아 현장에서 널리 사용되고 있습니다. 이제 비즈니스 모델 캔버스의 모습을 살펴보겠습니다.

비즈니스 모델 캔버스를 네스프레소에 적용하다

이 캔버스는 총 9개의 블록으로 구성됩니다. 그림 한가운데 가치

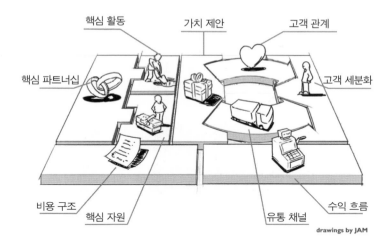

핵심 활동   가치 제안   고객 관계

핵심 파트너십   고객 세분화

비용 구조 핵심 자원   유통 채널 수익 흐름

drawings by JAM

제안 항목은 기존 제품이나 서비스와 차별화되는 가치를 무엇으로 제공할지를 설명합니다. 오른쪽에는 어떤 고객에게 어떤 채널을 통해 가치를 제시하며 어떻게 고객과 좋은 관계를 맺는지 설명합니다. 그리고 하단부에는 그 결과로 어떠한 수익 흐름을 창출할지 기술합니다.

가치 제안의 왼쪽에는 이러한 가치를 제공하기 위해 기업이 보유해야 하는 핵심 자원, 활동, 파트너들에 대한 내용을 담습니다. 그리고 하단에는 그에 따른 비용 구조를 기술합니다. 이해하기 쉽도록 네스프레소 사례를 들어 자세히 살펴보겠습니다.

1. 가치 제안

예전에는 가정에서 고품질의 에스프레소 커피를 즐기기 쉽지 않았습니다. 기계 가격도 비쌌고 작동 기술을 배우기도 어려웠습니다. 그러나 네스프레소 시스템은 달랐습니다. 기계를 간편하게 조작할 수 있게 만들었고 개별 포장된 커피 캡슐을 통해 '가정에서도 간편하게 고품질의 에스프레소 커피를 즐길 수 있다.'라는 차별화된 가치를 제안했습니다.

2. 고객 세분화

고객은 누구일까요? 인스턴트 커피에 익숙해진 일반 대중이 고품질의 에스프레소를 바로 받아들이기는 어려웠습니다. 가격도 10배 이상 비쌌으므로 네슬레는 고품질의 에스프레소 커피를 원하면서 상대적으로 가격이 높은 네스프레소 기계를 구입할 만한 구매력을 가진 층을 공략했습니다.

3. 유통 채널

네슬레는 선별된 하이엔드 백화점, 가전제품 전문점, 주방기기 전문점을 통해 에스프레소 머신을 유통했습니다. 하지만 커피 캡슐은 '네스프레소 클럽'이라는 철저히 폐쇄적인 시스템을 통해 유통했습니다. 생전 유통업을 하지 않았던 네슬레가 최초로 고객을 직접 상대하는 시스템을 구축한 것입니다.

4. 고객 관계

네스프레소 클럽을 통해 고객과 좋은 관계를 유지했습니다. 고객이 '나는 클럽 멤버'라는 자부심을 느끼도록 하는 것이 중요했습니다. 추후 네스프레소 서비스를 비행기 일등석에 제공한 것도 클

럽 멤버가 자부심을 느끼도록 하는 조치였습니다.

5. 핵심 파트너십

네슬레는 네스프레소 커피머신의 제조와 서비스를 터믹스, 크룹스, 드롱기, 마쓰시타 등 파트너사들과 협력하여 해결했습니다. 브랜드 이미지를 잘 표현할 광고 모델로 2005년부터 조지 클루니를 선발했습니다. 이는 신의 한 수라는 평을 받을 정도로 어울리는 모델이었습니다.

6. 핵심 자원

커피 캡슐 생산역량이 관건입니다. 네슬레는 수많은 특허로 제조

기술을 보호했습니다. 배송과 마케팅 역량도 무시할 수 없습니다.

7. 핵심 활동

커피 캡슐 생산과 배송역량을 기반으로 한 유통시스템 구축과 조지 클루니를 모델로 한 매혹적인 광고 제작 등이 핵심 활동입니다. 2000년에는 네스프레소가 직접 운영하는 부티크 매장을 파리 샹젤리제 거리에 열어 고객에게 네스프레소를 체험할 수 있는 세련된 기회를 제공했죠.

8. 비용 구조

커피 캡슐 제조비, 배송시스템 구축비, 광고비, 직영 매장 운영비

등이 발생합니다.

9. 수익 흐름

커피머신에서는 이윤을 추구하지 않았습니다. 이는 생산업체인 파트너사들의 몫입니다. 네슬레는 커피 캡슐에 집중했습니다. 마치 면도기 회사가 면도기는 원가에 팔고 대신 면도날에서 수익을 취하는 것과 같은 비즈니스 모델을 채택한 것입니다.

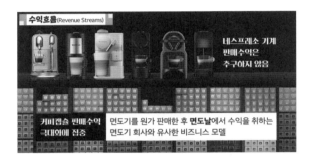

이처럼 비즈니스 모델 캔버스를 활용하면 사업을 더 명확하게 분석할 수 있습니다. 고객이 누구인지, 그들에게 제공하는 가치가 무엇인지 확실히 알 수 있습니다. 때로는 고객, 제공 가치, 유통 채널이 어그러진 경우를 발견하는데 이를 수정해 좀 더 강력한 비즈니스 모델로 업그레이드할 수 있습니다. CEO는 물론 조직 구성원들이 직접 비즈니스 모델 캔버스를 그려보면 자사의 비즈니스 모델을 확실히 알게 될 것이고 그 결과 기업 경쟁력도 높아지게 되겠죠.

* 더 생각해볼 것들!

비즈니스 모델 자체의 역사는 상당히 오래됐다

신현암 저자들이 '비즈니스 모델 캔버스'를 제안하면서 비즈니스 모델을 보다 구체적으로 표현할 수 있게 된 것은 사실입니다. 하지만 비즈니스 모델 자체의 역사는 상당히 오래됩니다. 일본에서는 1673년에 설립된 미쓰이 에치고야三井越後屋라는 포목점(훗날 미쓰코시 백화점)을 비즈니스 모델의 원조로 꼽습니다. 원래 포목점이라고 하면 고객은 초부유층이고 품목은 옷감이었습니다. 가격은 흥정하기 나름이었고 지불은 1년에 두 번 몰아서 하는 것이 관행이었습니다. 최소 판매단위는 필(폭 36센티미터. 길이 12미터)이었습니다. 미쓰이 에치고야는 소량판매, 정찰체, 현금판매라는 새로운 비즈니스 모델을 제시하여 큰 성공을 거둡니다.

기존 모델을 개선하지 말고 신규 모델을 창출하라

신현암 시즌 2에서 소개한『꿀벌과 게릴라』의 저자인 게리 해멀은 "혁신적인 기업들은 먼저 당신 회사의 시장과 고객을 빼앗을 것이다. 다음으로 그들은 당신 회사의 가장 우수한 인재들을 빼앗을 것이고 마지막으로 그들은 당신 회사의 모든 자산까지도 빼앗을 것이다. 그러므로 기존 비즈니스 모델을 개선하려기보다는 그것을 해체하고 새로운 비즈니스 모델을 창출하는 데 집중하라."라고 강조합니다.

인터넷이 등장하면서 완전히 새로운 비즈니스 모델을 구상하라는 의미입니다. 그 이후에도 모바일 혁명을 맞이하고 있고 오늘날에는 인공지능 혁명을 맞이하고 있습니다. '기존 모델의 개선'이 아니라 '신규 모델의 창출'이라는 그의 주장은 오늘날에도 울림이 큽니다.

3. (경영 고전) 『모방에서 혁신으로』

: 한국의 혁신 성장 비결을 파헤치다

김인수는 누구인가

국제학계에서 Linsu Kim이라는 이름으로 더 잘 알려진 김인수 교수는 기술경영과 혁신 부문에서 권위자로 인정받았습니다. 외국에서 논문이 가장 많이 인용되는 한국인 학자로도 손꼽혔습니다.

김인수 교수는 미국 MIT에서 박사학위를 받은 후 1980년 한국과학기술원KAIST에서 교수 생활을 시작해 이후 수많은 대학에서 강의와 연구를 진행했습니다. 특히 한국 기업들이 외국 기술을 모방하는 단계에서 시작해서 자체적인 기술 혁신을 이루는 과정을 심도 있게 연구한 『모방에서 혁신으로』라는 저서를 통해 학계와 산업계에 큰 반향을 일으켰습니다. 이 연구는 한국의 경제발전 모델을 이해하는 데 필수적인 자료로 평가받고 있으며 많은 기업과 학자에게 깊은 영감을 주었습니다. 김인수 교수는 비록 지금은 우

김인수(1938~2003)

리 곁을 떠났지만 그의 연구와 업적은 앞으로도 한국 경제와 기술 혁신에 큰 기여를 할 것입니다.

어떻게 단순 모방에서 혁신으로 이어졌는가

모방에는 단순 모방과 창의적 모방 두 가지 유형이 있습니다.

먼저 단순 모방에는 위조와 복제가 있습니다. 위조는 불법적으로 원작을 그대로 복제하는 행위이며 복제는 법적으로 허용된 범위 내에서 원작을 복제하는 것입니다.

창의적 모방에는 디자인 모방, 창조적 응용, 기술적 도약, 다른 산업에의 적용이 있습니다. 디자인 모방은 일본의 고급 차가 독일 차를 모방하되 독창적인 엔지니어링 특성을 추가하는 방식입니다. 창조적 응용은 기존 제품에서 영감을 얻어 더 나은 제품을 만드는 것입니다. 기술적 도약과 다른 산업에의 적용은 기술을 더 높은 단계로 발전시켜 이를 다른 산업에 적용하는 방식입니다.

창의적 모방은 혁신과 밀접하게 연결됩니다. 혁신은 단순히 새로운 것을 창조하는 것이 아니라 기존 것을 새롭게 응용하고 발전시키는 과정을 포함합니다. 창의적 모방을 통해 기술적 도약을 이루고 이를 통해 더 나은 제품과 서비스를 제공하는 것이 혁신의 핵심이라고 할 수 있습니다.

이 책은 단순 모방을 넘어서 창의적 모방, 나아가 혁신으로 이어지는 과정을 심도 있게 탐구합니다. 이는 한국 기업들이 어떻게 외국 기술을 모방해 궁극적으로 자체적인 기술 혁신을 이루었는지에 대한 통찰을 제공합니다.

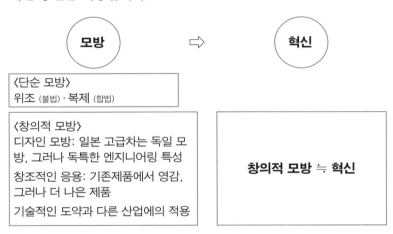

한국의 기술 학습 과정의 흐름을 추적하다

이 책을 정부, 재벌, 교육, 수출 지향 전략, 기술 이전 정책, 연구개발 정책, 사회문화적 요인들, 민간 부분의 기술 학습 전략이란 관점에서 살펴보면 다음과 같은 흐름이 보입니다.

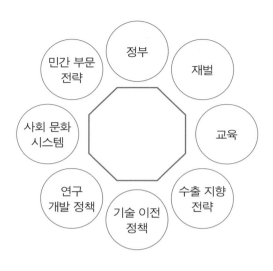

1. 정부: 효과적인 조율자

1960~1970년대에 한국 정부는 기술 습득을 조율하는 데 매우 중요한 역할을 했습니다. 중앙집권적인 정부 체제는 효과적이었고 정부는 전략적으로 특정 산업을 지정하고 재벌을 의도적으로 육성했으며 교육기관을 확대해 재벌들에게 필요한 인력을 공급했습니다. 하지만 1980~1990년대에 들어서면서 정부의 역할은 현저하게 쇠퇴했습니다. 기술 변화와 시장 변화를 파악하는 데 정부보다 민간 부문이 더 잘 대응할 수 있었기 때문입니다. 이 시기 정부는 독점 금지와 금융 및 투자 자유화 등 시장 기능을 강조했지만 관료 부문의 이기주의도 문제였습니다. 또한 1970년대 후반에는 정치적으로 부패해 정부가 특정 기업에 유리한 사업권을 제공한 후 그 대가를 요구하는 상황도 있었습니다.

2. 재벌: 자산과 부담

재벌은 계획적으로 육성되어 경제 발전의 엔진 역할을 했습니다. 이들은 최고 수준의 노동력을 보유했고 빠르게 기술력을 축적했습니다. 또한 계열사 간 기술력을 확산해 필요한 조직, 기술, 재무 자원을 보유했습니다. 이를 통해 재벌은 기술력을 강화하고 국내 사업을 세계화하는 데 크게 기여했습니다. 그러나 재벌의 성장 과정에서 중소기업의 건전한 성장이 저해됐고 많은 중소기업이 일본 부품 공급업체에 의존하게 됐습니다. 특히 자동차와 전자 산업에서 이런 현상이 두드러졌습니다.

3. 교육: 개발의 추진력에서 병목 현상으로

한국은 재벌들이 우수한 인재를 보유할 수 있도록 교육에 엄청난 투자를 해왔습니다. 아주 가난했던 시절에도 교육에 많은 자원을 쏟아부었고 1960년대에는 고급 인력의 실업이 사회 문제가 될 정도였습니다. 이는 리버스 엔지니어링의 기반이 되기도 했습니다. 하지만 1970~1990년대에 이르기까지 한국의 대학 교육 시스템은 경제 성장의 발목을 잡는 요인으로 작용했습니다. 대학이 연구 위주가 아니라 강의 위주로 운영되면서 연구개발의 생산성이 저하됐죠. 연구 중심 대학의 부족으로 기술집약적 중소기업의 창업 기회가 감소했습니다.

4. 수출 지향 전략: 자극의 주요 원천

한국 정부는 수입 대체 정책과 수출 촉진 정책을 통해 기술 습득을 적극적으로 지원했습니다. 이 두 가지 정책이 결합해 한국 경제의 성장과 기술 발전에 크게 기여했습니다.

수입 대체 정책은 산업 유아기의 진입장벽을 세워 초기 산업 성장 단계에서 국내 시장을 보호하는 역할을 했습니다. 이를 통해 초기 산업들이 안정적으로 성장할 수 있었습니다.

수출 촉진 정책은 재벌에게 경쟁이 치열한 환경을 조성했습니다. 정부는 국내 시장의 한계를 극복하기 위해 재벌들이 해외 시장에 진출하도록 유도했습니다. 이는 여러 가지 방식으로 이루어졌습니다.

① 강제적 위기 부과	정부는 재벌들에게 강제적으로 위기를 부과해 위험과 기회를 동시에 제공했습니다. 이를 통해 기업들은 생존을 위해 학습을 가속할 수밖에 없었습니다.
② 규모의 경제 실현	재벌들은 국내 수요를 초과하는 설비를 마련해 규모의 경제를 실현해야 했습니다. 기업들이 더 큰 시장을 목표로 세워 기술을 개발하고 혁신하는 동기가 됐습니다.
③ 해외시장에서의 경쟁	해외 시장은 매우 변화무쌍하고 경쟁이 치열했습니다. 재벌들은 이러한 환경에서 살아남기 위해 몸부림 쳤고 이는 기술 습득에 자체적으로 투자를 늘리는 결과를 가져왔습니다.
④ 정부의 확고한 지원	정부는 재벌들이 기술 습득에 더욱 노력할 수 있도록 확고하게 지원했습니다. 이는 금융 지원, 세제 혜택, 연구개발 지원 등 다양한 형태로 이루어졌습니다.

| ⑤ OEM 방식
의존 | 초기에는 OEM 방식에 의존해 기술을 습득했습니다.
이를 통해 재벌들은 현장 밀착형 지도를 받으며 기술
력을 키울 수 있었습니다. |

5. 기술 이전 정책

한국이 산업화의 길을 걸어가는 동안 외국으로부터의 기술 이전은 더 높은 수준의 묵시적 지식과 명시적 지식을 얻는 데 가장 중요한 수단이었습니다. 한국 정부는 다양한 정책을 통해 외국 기술의 도입과 이전을 적극적으로 유도했습니다.

① 초기 단계	처음에는 국내 시장을 보호하기 위해 외국인 직접 투자와 기술 도입을 제한했습니다. 이는 국내 기업들이 자생력을 키울 수 있는 시간을 벌어주기 위한 조치였습니다.
② 국제 경쟁력 강화	정부는 자본재 산업의 국제 경쟁력을 강화하기 위해 외국 자본재 수입을 통한 기술 이전 방식을 유도했습니다. 이는 국가 전체의 기술 수준을 높이는 데 효과적이었습니다.
③ 1970년대 이후의 규제 완화	1970년대에 들어서면서 정부는 규제를 완화했습니다. 이제는 외국인 직접 투자와 기술 도입을 보다 적극적으로 허용했습니다. 이러한 변화는 한국 기업들이 글로벌 기술을 더 쉽게 접하고 습득할 기회를 제공했습니다.

6. 연구개발 정책

한국 정부는 1960~1970년대에 대학들이 연구를 제대로 수행할 능력이 부족하다는 상황 판단에 따라 정부 출연 연구기관을 육성하기로 했습니다. 대표적인 예로 한국과학기술연구원KIST 등이 있습니다. 하지만 초기의 연구 결과물은 주로 연구 중심이었고 현장에서 실제로 필요로 하는 개발과는 거리가 멀었습니다. 정부는 기업과의 공동 연구를 강요했지만 기대한 만큼의 성과를 얻지 못했습니다. 그럼에도 초기 정부 출연 연구기관의 인력은 1980년대에 재벌 기업들이 자체 연구개발센터를 설립할 때 중요한 역할을 했습니다. 예를 들어 삼성경제연구소가 설립될 당시 많은 인력을 정부 연구기관으로부터 수혈받았습니다. 이처럼 정부 출연 연구기관의 인력이 민간 기업의 연구개발 역량 강화에 중추적인 역할을 했습니다.

그러나 향후 정부 출연 연구기관은 공공 부문 연구에 주력해야한다는 의견이 있었습니다. 이는 환경, 농업, 공중위생, 원자력 등민간 기업이 투자 효과를 보지 못한다고 판단하는 분야지만 국가적으로는 꼭 필요한 연구들입니다. 이러한 배경 아래에서 정부는민간 기업이 투자하지 않는 공공 부문 연구를 정부 출연 연구기관이 맡아야 한다고 판단했습니다. 민간 기업이 추구하기 어려운 장기적이고 큰 자본이 필요한 연구는 정부가 주도적으로 이끌어야한다는 입장이었죠. 이로써 정부는 민간과 정부 연구기관 간의 역할 분담을 명확히 하고 보다 효율적인 연구개발 환경을 조성하고자 했습니다.

7. 사회문화적 요인들

① 문화적 요인	교육을 통한 신분 상승의 가능성을 들 수 있습니다. 우리 사회는 교육을 신분 상승을 위한 중요한 수단으로 여겼습니다. 이는 기술 습득에 필수적인 선행 조건이 됐고 많은 사람이 더 나은 삶을 위해 열심히 공부하고 기술을 배우도록 자극했습니다.
② 상황적 요인	한국전쟁 이후 가문과 신분의 개념이 거의 사라졌습니다. 전쟁이 끝난 후 많은 사람이 가문이나 신분에 상관없이 평등하게 경쟁할 수 있는 사회적 환경이 조성됐습니다. 이는 기술 습득과 경제 발전에 큰 도움이 됩니다. 사람들이 사회적 차별에서 자유로워져 자신의 능력을 최대한 발휘할 수 있게 되었죠. 또한 의무적인 군복무 제도도 중요한 역할을 했습니다. 모든 남성은 일정 기간 동안 군 복무를 통해 조직 생활력을 기르고 리더십과 시스템 관리법을 배우게 됩니다. 이는 남성들이 사회에서 효과적으로 조직을 운영하고 기술을 습득하는 데 큰 도움이 되었습니다.

8. 민간 부문의 기술 학습 전략

민간 부문은 기술 학습을 위해 다각적인 전략을 구사했습니다. 이들은 주로 생산능력을 먼저 갖춘 후 혁신능력을 발전시키는 순서를 따랐습니다. 이를 통해 빠르게 기술을 습득하고 응용할 수 있었습니다.

① 능력 구축 순서

먼저 생산능력을 확보한 후 혁신 능력을 발전시키는 순서를 따랐습니다. 예를 들어 선박업에서는 처음에는 배를 만들 수 있는 생산능력을 확보한 뒤 나중에 설계능력을 키웠습니다. 이처럼 단계적으로 기술을 발전시키는 전략을 사용했습니다.

② 외국 기술 도입 및 모방

민간 기업들은 외국으로부터 기술을 도입하거나 모방하는 방법을 사용했습니다. 외국에서 기술자를 빼내 오거나 새로운 수입 장비를 분해해 그 기술을 습득하는 방식이었습니다. 이를 통해 빠르게 기술을 습득하고 적용할 수 있었습니다.

③ 기술 학습 단계

기술 학습은 준비 단계에서 시작해 기술을 획득하고 소화한 후 이를 개선하고 응용하는 단계로 진행됐습니다. 처음에는 기술을 배울 준비를 하고 그다음에 기술을 도입해 습득해서 충분히 이해하고 소화한 후 마지막으로 그 기술을 개선하고 새로운 방식으로 응용했습니다.

④ 연구개발 투자 증대

민간 기업들은 고부가가치의 기술 집약 제품을 생산하기로 전략 방향을 수정한 후 연구개발 투자를 급격히 늘렸습니다. 그 결과 더 혁신적이고 경쟁력 있는 제품을 개발할 수 있었습니다.

⑤ 조직과 관리

처음에는 조직과 관리가 체계적으로 일사불란하게 이루어져 기술 학습에 도움이 됐지만 시간이 지나면서 경직된 조직 구조가 혁신을 저해하는 요인이 되기도 했습니다.

⑥ 위기 조성

위기 조성도 중요한 전략 중 하나였습니다. 예를 들어 포항제철(포스코)에서는 '우향우 정신'으로 일종의 위기감을 조성해 직원들이 더 열심히 일하고 기술을 습득하도록 자극했습니다. 이처럼 위기를 인식하게 함으로써 기술을 더 빠르고 효율적으로 학습할 수 있었습니다.

⑦ 기술 이전 전략

기술 이전 전략도 다양했습니다. 단순한 기술은 리버스 엔지니어링을 통해 습득했으며 더 복잡한 기술은 전략적 제휴를 통해 습득했습니다. 즉, 간단한 기술은 분해하고 분석해서 배웠지만 복잡한 기술은 외국 기업과 제휴해서 배웠습니다.

정리하면, 한국의 기술 학습 과정은 정부, 재벌, 교육 시스템, 수출 지향 전략, 기술 이전 정책, 연구개발 정책, 사회문화적 요인, 민간 부문의 기술 학습 전략 등이 복합적으로 작용해서 진행됐습니다. 이러한 복합적인 요인들이 한국의 빠른 기술 발전과 경제 성장에 크게 기여했습니다. 한국의 기술 학습과 혁신 사례는 다른 개발도상국에도 중요한 교훈이 될 수 있습니다.

＊ 더 생각해볼 것들!

지금까지의 성공 전략이 미래에도 통할 것인가

신현암 책의 뒷부분에서 저자는 다음과 같이 말합니다. "'정부의 주도적 역할'에서 '시장 메커니즘'으로 넘어가야 하고 상명하복의 조직문화가 수평적 문화로 바뀌어야 한다. 조성된 위기의식이 미래에서는 한계에 부딪힐 것이며 따라서 동태적 학습 환경을 조성해야 한다. 재벌에 의해 성장했지만 향후에는 기술집약형 중소기업이 주력으로 성장해야 한다." 출간연도가 1997년이니 거의 30년 전에 나온 책이지만 지금 적용해도 손색이 없는 내용입니다. 심지어 단일민족, 단일언어, 단일문화가 강점이었지만 앞으로는 다양성을 중시해야 한다는 말까지 나옵니다. ESG의 핵심 항목 중 하나인 다양성을 이미 이야기한 겁니다.

여기에 첨언하면 '창의성'을 어떻게 살릴 것인가를 강조하고 싶습니다. 일본의 키엔스는 제조업인데도 영업이익율 80%라는 놀라운 성과를 내고 있습니다. 이 회사는 "우리는 절대 고객의 니즈를 반영한 제품을 만들지 않는다. 고객이 원하는 제품은 이미 다른 기업들도 만들고 있다. 만들어봐야 범용품일 수밖에 없다. 따라서 고객에게 제안하는 상품을 만들어야 한다."라고 말합니다. 헨리 포드도 고객의 니즈를 물어봐야 '더 빨리 달리는 말'만 나오지 '자동차'라는 말은 나오지 않는다고 했지요. 소니의 워크맨도 고객에게 새로운 개념의 제품을 제안했기에 글로벌 히트 상품이 될 수 있었습니다. 현대 정주영 회장의 "임자 해봤어?"라는 정신이 필요하고 그러한 분위기가 조직문화로 자리 잡는 게 중요합니다.

"당신이 좋아하는 것을 일로서 하고 당신이 하는 일을 좋아하도록 하라. 그러면 창의성은 자연스럽게 발휘된다."라는 말이 있습니다. 재능보다는 노력이, 노력보다는 즐기는 것이 이깁니다. 젊은 세대들에게 이런 환경을 만들어주는 것이 핵심입니다.

5장
어떻게 혁신 조직을
만들 것인가

『두려움 없는 조직』

양손잡이 조직과 학습 조직이 혁신이다

한국 경제는 1994년에 1인당 국민총생산GDP이 처음으로 1만 달러를 달성했고 3만 달러를 달성한 것은 2017년이었습니다. 우리나라가 중진국 함정을 탈출해서 선진국 대열에 참여한 것은 이 기간에 산업이 업그레이드했기 때문이지요. 1990년대 초에도 자동차도 만들고 메모리 반도체도 만들었지만 세계 정상급 제품과는 격차가 컸습니다. 저가격의 저품질이나 저기술의 제품을 만들어서 수출해서 먹고살았습니다.

그러나 지금은 세계 최고 수준의 승용차도 만들고 첨단 반도체도 만들고 세계적으로 경쟁력이 있는 철강제품, 선박, 중장비, 첨단 무기를 만들고 있습니다. 원자력발전소나 고속철도와 같은 고도로 복잡한 시스템도 해외에 수출할 수 있게 되었습니다. 1995년부터 지난 30년은 한국 경제가 업그레이드한 기간이었죠.

그러나 1970년경 우리나라는 조금 복잡한 공산품은 만들지도 못했습니다. 큰 선박도 못 만들었고 승용차도 조립만 했지 엔진도 못 만들고 차 디자인도 제대로 하지 못했습니다. 철강도 막 시작했고 석유화학도 플랜트를 통째로 들여와서 제품이 겨우 나오는 수준이었습니다. 1960년대 말부터 1990년 초까지 20여 년 동안은 자원을 동원해서 산업을 새로 일으키던 시기였습니다. 그때는 기술 개발을 한 것이 아니고 돈을 동원해서 기계를 사오고 사람을 훈련하고 공장을 가동해서 물건을 만들면 성공했던 시기라고 볼 수 있습니다. 정주영 회장이나 이병철 회장의 시대인데 그때의 혁신은 자원의 동원과 재결합이었습니다. 그야말로 기업起業의 시대였죠.

이렇게 보면 1970년 이후 한국은 자원의 동원과 재결합이 주된 혁신 활동이었던 기업가 시대를 거치고 기술을 배워서 제품과 시스템을 혁신했던 모방혁신 시대를 거쳐서 지금에 이른 것입니다. 이건희 회장은 반도체와 휴대폰을 세계적인 수준으로 업그레이드했고 정몽구 회장은 승용차의 품질과 기술을 업그레이드해서 세계적인 자동차 회사를 만들었습니다.

그리하여 한국은 세계 5위 수준의 제조업강국이자 기술강국이 되었습니다. 모든 산업에서 그런 건 아니지만 적어도 여러 개의 제조업에서 세계 첨단의 기술력과 경쟁력을 가지고 있습니다. 그렇다면 이제부터 혁신은 어떻게 해야 할까요? 앞에서 혁신의 형태에 양손잡이 조직과 학습 조직이 혁신이다고 했는데 특히 돌파형 혁신과 와해형 혁신이 더욱 필요해지고 있습니다. 혁신에 관한 경영학 책들은 기존 기업에서의 혁신에 대해서 두 가지 정도의 이론을 제시하고 있습니다.

양손잡이 조직이 와해형 혁신을 가능하게 한다

첫 번째 이론인 와해형 혁신은 기존의 조직에서는 혁신을 하기 힘들다고 주장합니다. 크리스텐슨의 책이 대표적인데 대기업 조직은 현재의 제품과 시장을 어렵게 만드는 혁신을 주도하기 힘들다고 합니다. 그래서 효율성을 추구하는 기존 조직과 새로운 탐색을 추구하는 조직을 분리해야 한다고 봅니다. 이런 조직을 '양손잡이 조직'이라고도 부르죠.

우리나라 상황에서 보면 기존 제품의 생산현장에서 와해형 혁신을 하기가 어렵다는 말이 되는 셈입니다. 그래서 현대차가 2014년경부터 연구소를 경기도 화성에 집중하고 있는지 모릅니다. 물론 우수한 엔지니어를 구하기가 수도권이 더 쉽다는 점도 있겠지만 내연기관 차를 만드는 공장 옆에서 전기차 연구를 하기는 힘들겠죠. 엘지그룹도 연구소를 김포공항 근처 마곡 지역에 모았는데 같은 이유 아닐까요? 포스코도 철강 이외의 첨단 소재 연구를 하려면 제철소와 거리를 좀 두는 것이 필요하다고 판단했을 것 같습니다. 조직을 분리해서 새로운 조직과 책임자를 임명하는 일도 필요한 방법입니다.

현대차가 2019년에 기술혁신의 새로운 화두로 소프트웨어로 제어되는 차software-defined vehicle를 뜻하는 SDV를 내걸고 '포티투닷'

이라는 연구개발 회사를 판교에 새로 세운 것도 기존 조직과 전혀 다른 혁신을 시도하기 위한 것이라 봅니다. 자동차를 휴대폰과 같은 하나의 디바이스로 보고 고객을 온라인 플랫폼에 모으고 차량도 계속해서 업그레이드하겠다고 합니다. 자동차 산업에서도 네트워크 효과를 극대화하겠다는 시도이기도 합니다.

학습조직과 개방된 혁신 생태계 유지가 관건이다

두 번째 이론은 학습조직 이론으로 혁신을 잘하는 조직은 학습이 몸에 밴 조직이라는 주장입니다. 학습에는 능동적 학습과 수동적 학습이 있는데 여기서는 능동적 학습을 강조합니다. '학습 피라미드'라는 개념이 있습니다. 어떤 지식을 이해하고 기억하는 수준을 수동적 학습으로 보고 반면에 지식에 대해서 토의하고 응용하고 가르치는 수준을 능동적 학습으로 봅니다. 혁신하려면 질문하고 토의하고 적용해봐야 한다는 것이죠. 조직이 능동적 학습을 해야 혁신할 기반이 이루어진다는 주장입니다. 요즘 학습에서 말하는 4C란 문제의식critical thinking, 창의력creative thinking, 활발한 의사소통communication, 협업collaboration을 말합니다. 혁신을 가능하게 하는 조직의 기본 조건인 셈입니다. 다음 소개하는 책들이 크게 볼 때 혁신을 가능하게 하는 조직의 특징이 무엇인지를 제시하고 있습니다.

지금까지 혁신조직에 관한 논의는 기업 내 혁신에 초점이 있었습니다. 그러나 혁신이 기업 내에서만 이루어지는 것은 아닙니다.

대부분은 생태계에서 혁신이 동시에 일어나야 합니다. 대표적으로 대만 반도체 회사 TSMC의 예를 볼까요? TSMC는 '혁신 분업'을 잘해서 지금의 위치를 잡은 회사입니다. 실리콘밸리의 칩 디자인 회사들이 만약 자기가 새로 디자인한 칩을 자체 생산해야 했다면 자원과 노력이 분산되어서 칩 출시 시기가 크게 늦어졌을 것입니다. 디자인한 칩을 제대로 생산하려면 상당한 투자와 매우 정밀한 공정이 필요한데요. 디자인 회사는 칩 디자인에 집중하고 TSMC는 주문받은 칩을 생산하면서 분업을 통한 혁신을 아주 성공적으로 달성한 것입니다. 이런 혁신은 일종의 '개방형 혁신'이기는 하지만 과거 피앤지P&G가 프링글스를 개발할 때 외부 아이디어를 활용한 수준을 훨씬 뛰어넘습니다. 고도로 복잡하고 정밀한 칩을 위탁 생산하려면 팹리스(칩 디자인)와 파운드리 회사 간에 높은 수준의 정보교환과 협력과 조정이 필요할 것입니다. '독립된 회사 간의 혁신 협력' 또는 '생태계 혁신'은 앞으로 인공지능용 반도체에서 더욱 필요해지겠죠. 엔비디아의 CEO 젠슨 황이 현재는 TSMC에 크게 의존하고 있지만 계속해서 하이닉스나 삼성전자를 방문하고 협의하는 것은 차세대 그래픽 처리 장치GPU의 안정적인 공급망을 확보하기 위함일 것입니다.

넓은 의미의 생태계 혁신이지만 벤처캐피털VC을 활용한 혁신은 앞에서 설명한 같은 공급망 내의 혁신과 다릅니다. 연구개발 지출의 성과는 대기업과 중소기업이 상당히 다르죠. 대기업이 회사 내에서 연구개발에 투자하는 비용이나 성과는 중소기업보다 못한 경우가 많습니다. 대기업의 환경은 안정적이기 때문에 중소기업처럼 죽기 살기로 개발하지는 않기 때문입니다. 따라서 기업 내 벤처투자cvc 방식이 활용되기도 하지만 이 경우도 개발과 혁신의 절박함은 스타트업과는 다릅니다. 대기업은 신생 벤처캐피털과도 협력하고 또 필요하면 자본도 투자해야 할 것입니다. 오픈AI 회사에 대한 마이크로소프트의 투자는 가장 성공적인 벤처캐피털 투자에 속하지 않을까요? 종합하면 혁신을 잘하는 조직은 양손잡이 조직과 학습조직이어야 함은 기본이고 공급망 협력 혁신과 스타트업과의 협력 등 개방된 혁신 생태계를 유지해야 합니다. 그런 수준의 개방성, 유연성, 기민성이 있어야 할 것입니다.

혁신 관련 책과 혁신 조직 관련 책은 결이 조금 다릅니다. 사업 혁신에 관한 가장 유명한 책은 시즌 1에서 공부한 크리스텐슨의 『혁신가의 딜레마』이고 혁신을 잘하는 조직의 특징은 센게의 『학습하는 조직』과 이쿠지로와 히로타카의 『지식창조기업』이 있습니다. 로저 마틴의 디자인싱킹 개념도 크게 보면 학습조직의 일환입니다. 이 책들을 종합하면 혁신은 결국 학습조직에서 나온다는 겁니다. 시즌 3에서 공부한 에드먼드슨의 『두려움 없는 조직』도 혁신을 잘하는 조직의 특징을 다룬 책입니다.

• 크리스텐슨의 『혁신가의 딜레마』(1997)

이 책은 '와해적(파괴적) 혁신'이라는 개념을 제시하고 왜 대기업이 기존 사업에 영향을 주는 혁신을 하지 못하는가를 제시하고 있는 명저입니다. 실리콘밸리의 여러 회사에 영감을 주기도 했다고 알려져 있습니다. 한마디로 한다면 기존의 성공적인 대기업은 나름의 성공 방정식을 가지고 있기 때문에 임직원들이 그런 방정식의 변화를 원하지 않는다는 것입니다. 따라서 진정한 혁신을 달성하려면 기존 조직이 아니라 새로운 조직을 만들어야 한다는 것이지요. 소위 양손잡이 조직이 되어야 한다는 것입니다. 한 손은 기존 사업의 성공을 계속하고 다른 손이 혁신을 주도해야 한다는 주장입니다. 이렇게 장수하는 초우량기업은 활용exploitation과 탐색exploration을 동시에 다 잘해야 한다는 것인데 이 처방은 이제는 널리 인식되고 있습니다.

• 센게의 『학습하는 조직』(1990)

이 책은 시스템적 사고와 학습조직의 핵심 규율을 제시한 명저입니다. 피터 센게는 1990년에 이미 기업이 추구해야 할 가치(공유비전), 일과 삶의 조화, 팀 학습 등 21세기적 경영과제를 설파하고 있는데요. 센게가 주장하는 경영 원칙은 사실은 지금 시대에 많이 요구되고 있지만 1990년의 잭 웰치식 경영방식이 유행하던 시기에는 파격적인 주장이었습니다. GE의 잭 웰치는 1980년부터 20년간 가장 뛰어난 경영자로 칭송받았습니다. 웰치는 해당 산업에서 1위나 2위가 아니면 철수하고 경영의 효율성을 달성하기 위해 과감한 구조조정과 감원을 단행한 '칼잡이 경영자'였지요. 미국의 노동시장 유연성이 웰치식 경영을 가능하게 했지만 지금 시점에서 보면 웰치는 미국식 자본주의의 많은 문제점을 노출한 경영자였습니다. 센게는 이런 경영방식의 문제를 일찍이 간파해서 조직 구성원의 보람과 안녕을 강조하면서 동시에 임직원의 자발적인 학습의 중요성을 지적했습니다.

• 이쿠지로와 히로타카의 『지식창조기업』(1995)

학습조직의 또 하나의 이론으로 일본의 이쿠지로 교수의 지식창조모델이 있습니다. 형식지와 암묵지의 개념을 중심으로 지식창조모델(SECI 모델)과 지식창조 5단계(암묵지, 개념창조, 정당화, 원형창조, 확산)를 제시합니다. 1990년대 중반까지는 일본적 경영이 세계적으로 유행했는데 다른 일본적 경영에 관한 책들이 문화적인 접근으로 종신고용이나 연공서열식 급여제도와 같은 인사와 조직의 특징을 강조했던 데 비해서 이쿠지로는 지식창조모델을 제시해서 일본 기업의 혁신방식을 체계적으로 제시하고 있습니다. 암묵지가 형식지가 되고 형식지에서 다시 암묵지가 창출된다는 식으로 지식의 순환을 통한 지속적인 혁신방안을 찾으려고 하는 책입니다.

• 마틴의 『디자인 씽킹 바이블』(2009)

혼돈 상태에서 경험법칙을 찾아내서 표준화된 대기업이 되는 방식을 제시하고 있는 책입니다. 창의적 사고를 하려면 분석과 직관(귀추논리)의 균형을 유지해야 하는데 기업은 항상 활용과 탐색이라는 두 가지 활동을 추구해야 한다는 것입니다. 특히 디자인싱킹은 많은 기업에서 실무적으로 채택되었기에 그런 점에서 마틴의 공헌이 매우 큰데요.

마틴과 이쿠지로의 책은 비슷하지만 마틴은 특히 MBA 교육이 빠지기 쉬운 분석과 검증의 함정에서 벗어나라고 강력히 주장하고 있습니다. 혁신은 창의적 사고에서 나오기 때문에 데이터의 분석과 검증이라는 계량적이고 실증적인 방식에만 의존해서는 한계가 있다는 중요한 지적을 하고 있어요. 21세기 기업 성공의 비결은 지식에 기반한 핵심역량입니다. 마틴과 이쿠지로는 기업의 지식 창출 프로세스를 구체적으로 제시하고 있습니다.

• 에드먼드슨의 『두려움 없는 조직』(2019)

우리나라에서도 "가만히 있으면 중간은 간다."라는 말이 있지요. 이 책에서는 "침묵을 지켜서 해고된 사람은 없다."라고 하는데 미국 기업에서도 임직원들이 조직에 문제가 있어도 말하지 않는 분위기가 팽배해 있는 것 같습니다. 질문을 하지 않고 문제를 제기하지 않는 현상은 아마도 모든 나라의 조직에서 나타나는 문제인 것 같은데요. 이 책의 주장은 다음과 같이 정리할 수 있겠습니다.

• 언로가 막힌 조직(스피크업을 할 수 없는 조직)은 학습과 혁신과 성장을 제대로 하지 못한다.
• 소통과 대화가 있는 조직이 되려면 심리적인 안전감이 있어야 한다. 심리적인 안전감이 있는 조직이 '두려움 없는 조직'

이다.

- 두려움 없는 조직이 되기 위한 조건은 무엇인가? 리더가 토대를 만들고 직원의 참여를 유도하여 '생산적인 반응'이 나오도록 해야 한다.

- 여기서 '생산적인 반응'이란 실패에 대한 조직의 대응을 말하는데 '창조적인 실패'에 대해서는 이를 업적으로 인정하고 심지어는 축하까지 해주어야 한다.

- 심리적 안전감이 있는 조직을 만드는 데는 리더의 역할이 절대적이다. 리더에게는 '상황적인 겸손함'과 '적극적인 질문' 그리고 '적절한 구조와 절차 만들기'가 필요하다.

한국 기업도 '빠른 모방자'가 아니라 '혁신 리더'가 되어야 합니다. 특히 이제는 제조업과 대량생산의 표준화보다는 혁신이 필요한 시점이라서 이 책의 소구력이 높은 것 같아요. 저자도 한국판 서문에서 한국 기업이 위계질서가 강하기 때문에 스피크업을 하기가 좀 더 어려울 것이라고 언급하고 있습니다.

2. (경영 고전) 『두려움 없는 조직』

: 두려움 없이 나아가는 조직을 만들어라

에이미 에드먼드슨은 누구인가

에이미 에드먼드슨은 하버드대학교 경영대학원 종신 교수이자 세계가 인정하는 최고의 리더십 구루입니다. 미국 하버드대학교에서 디자인공학 학사, 심리학 석사, 조직행동 박사학위를 받았했습니다. 학사 과정 졸업을 앞두고 롤모델로 삼았던 미국 건축가 버크민스터 풀러에게 조언을 구하는 편지를 보냅니다. 일주일 후 기대하지도 않았던 답장을 받았고 이후 3년 동안 풀러의 회사에서 최고 엔지니어로 근무했습니다.

이때부터 에드먼드슨 교수는 혁신에 큰 관심을 갖게 됩니다. 1996년부터 하버드대학교에서 교직 생활을 하며 리더십, 팀 구성, 조직 결정 등을 주제로 수업을 해왔습니다. 2년마다 세계에서 가장 영향력 있는 현존하는 경영사상가 50인을 선정하는 싱커스 50

에이미 에드먼드슨(Amy Edmondson, 1959~)

에 2011년부터 지금까지 매번 선정됐으며 2021년과 2023년에는
1위에 올랐습니다.

심리적 안정감의 중요성을 깨우치다

많은 사람이 인재 확보의 중요성을 이야기합니다. 하지만 인재
를 확보해도 활용하지 못하면 의미가 없습니다. 직장 생활을 하면
서 외부에서 유입한 탁월한 인재들이 조직문화에 적응하지 못하
고 떠나는 모습을 자주 보았습니다. 이는 조직과 개인 모두에게 손
해입니다. 확보한 인재들이 새로운 조직에서 마음껏 역량을 발휘
할 수 있는 조직문화를 구축하는 것이 절실합니다. 특히 지식 기반
사회에서는 역량 있는 인재를 영입하는 것만큼이나 그들이 자신의
생각과 의견을 자유롭게 털어놓고 공유할 수 있도록 심리적으로
안전한 분위기를 조성하는 것이 중요합니다. 이런 분위기가 조성

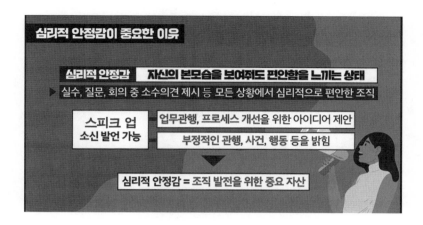

되면 조직 구성원들은 심리적 안정감psychological safety를 느끼게 됩니다. 이 분야의 대가가 에드먼드슨 교수입니다.

에드먼드슨 교수는 박사 과정 1학년 때 '팀워크와 의료 사고 발생률의 상관관계'를 밝히는 프로젝트를 진행했습니다. 팀워크가 좋은 팀이 상대적으로 실수를 적게 할 것이라는 가설을 세웠습니다. 당연히 그럴 것이라 생각했지만 결과는 다르게 나왔습니다. 팀워크가 좋은 팀이 오히려 실수를 더 많이 하는 것이었습니다. 에드먼드슨 교수는 고민을 거듭하다가 어느 순간 번뜩이는 아이디어를 떠올렸습니다. 폐쇄된 조직에서는 실수를 해도 상부에 보고하지 않고 쉬쉬하게 마련입니다. 그래서 "의료 사고 발생률이 얼마나 낮은가" 대신 "자신이 저지른 실수를 기꺼이 보고할 수 있는가"로 질문을 바꾸었고 팀워크가 좋을수록 기꺼이 보고하려 한다는 명확한 답을 얻었습니다. 관련 분야의 연구를 집중적으로 수행하면서 에드먼드슨 교수는 심리적 안전감의 대가로 자리 잡게 됩니다.

현실에선 문제 제기 대신 침묵을 선택하다

하지만 현실에서는 많은 사람이 침묵을 선택합니다. 그 이유는 무엇일까요? 문제를 제기하거나 침묵을 지킬 때 작동하는 암묵적 규칙이 있기 때문입니다. "상사가 관여한 업무에 대해서는 비판하지 말라." "확실한 증거가 없으면 말하지 말라." 등 다양한 규칙이 있습니다. 에드먼드슨 교수는 인터뷰를 통해 이러한 규칙들을 발견했습니다.

암묵적 규칙	인터뷰를 통한 실제 사례
상사가 관여한 업무에 대해 비판하지 마라	"상사가 본인에게 소유권이 있다고 생각하는 업무에 대해 문제를 제기하는 것은 본질적으로 위험하다." "상사가 업무 전체를 총괄하면서 직접 관여하기 때문에 문제 제기를 불쾌하게 받아들일 수 있다."
확실한 증거가 없으면 말하지 마라	"충분한 연구나 탐색을 거치지 않은 제안은 내놓지 않는 게 낫다." "문제를 제기할 때는 이를 뒷받침할 확실한 증거를 갖고 있어야 한다."
상사의 상사가 함께 있을 때는 문제를 제기하지 마라	"상사의 상사가 함께 있을 때 문제를 제기하는 것은 위험하다. 자신에 대한 도전으로 받아들일 수 있다." "상사는 내가 고분고분하지 않거나 자신을 얕본다고 느낄 수 있다."
상사의 체면이 깎이지 않도록 다 같이 있는 자리에서는 부정적인 언급을 피하라	"상사는 여러 사람 앞에서 창피당하는 것을 매우 싫어한다. 할 말이 있으면 일대일로 대면해 상사가 무능력해 보이지 않도록 한다." "상사와 직접 대면하는 행동으로 여러 사람 앞에서 상사를 곤란하게 만들지 않는다."
문제 제기는 해고로 이어질 수 있다	"특정 프로젝트를 중단시키거나 비판하면 자칫 해고될 수 있다." "문제 제기로 인해 곤란해진 상황을 상사가 탐탁지 않게 여기면 이는 장기적으로 좋지 않은 결과를 만들기도 한다."

문제를 제기하면 조직 또는 고객이 혜택을 보지만 침묵하면 본인이 혜택을 봅니다. 긁어 부스럼이 될 수도 있고 문제를 제기하더라도 혜택이 나타나는 시점까지 시간이 걸리기 때문입니다. 반면 침묵의 효과는 즉각적입니다. 혜택 보장의 정도는 어떨까요? 문제를 제기한다고 해서 모든 것이 고쳐지지는 않습니다. 오히려 이상한 사람으로 몰릴 수도 있습니다. "모난 돌이 정 맞는다."라는 속담도 괜히 있는 게 아닙니다. 반면 침묵을 지키면 문제 될 것이 없습니다. 혜택 보장이 확실한 것입니다.

	혜택을 보는 쪽	혜택을 보는 시점	혜택 보장의 확실성
문제 제기	조직 또는 고객	시간이 지난 후	낮다
침묵	자신	즉시	높다

자유롭게 스피크업할 수 있어야 한다

심리적 안정감은 '동료들에게 본인이 가진 원래 모습을 솔직하게 보여줘도 편안함을 느낄 수 있는 상태'를 말합니다. 실수했을 때, 질문할 때, 심지어 회의 중 소수 의견을 냈을 때도 구성원이 심리적으로 편안함을 느끼게 됩니다. 이런 조직은 흔히 스피크업 speak up이 자유롭다고 말합니다. 구성원이 솔직하게 의견을 개진하며 업무 관행과 프로세스 개선을 위한 창의적이고 건설적인 아이디어를 자유롭게 제안할 수 있습니다. 또한 조직에 부정적인 영향을 끼칠 수 있는 관행, 사건, 행동에 대해 직급 구분 없이 자신의 소신을 말할 수 있습니다. 이는 매우 긍정적인 것입니다.

3단계를 거쳐 심리적 안정감을 구축하다

그럼 어떻게 해야 심리적 안정감을 구축할 수 있을까요? 에드먼드슨 교수는 3단계를 이야기합니다.

1단계: 토대 만들기 – 지금 당장 실패의 틀부터 바꾸라

실패를 바라보는 시각을 바꾸라는 것입니다. 혁신을 통해 획기적인 기술을 개발해야 하는 기업은 실패를 '절대 일어나서는 안 되는 일'이 아니라 '성공하기 위해 반드시 겪어야 할 일'로 인식해야 합니다. '실패 없이는 성공도 없다.'라고 생각하는 분위기를 조성해야 합니다. 물론 실패에도 종류가 있습니다. 규정을 지키지 않아서 발생하는 실패는 예방 가능한 실패로 피해야 합니다. 우리가 권장해야 하는 것은 창조적 실패입니다.

	예방 가능한 실패	복합적 실패	창조적 실패
정의	규정된 절차를 지키지 않아 부정적 결과를 초래함	예기치 못한 여러 요소가 복합적으로 작용해 원치 않는 결과를 일으킴	새로운 도전으로 인해 원치 않는 결과를 일으킴
주된 원인	행동, 기술, 집중력 등이 부족함	복잡성, 가변성, 익숙한 상황 등에 부과된 새로운 요소	불확실성, 실험, 위험 감수
서술적 표현	절차적 이탈	시스템 오류	성공하지 못한 시도
주요 발생 분야	제조업 생산라인, 패스트푸드 체인, 공공 서비스	병원, 우주왕복선 및 항공기 개발, 원자력 발전소	신약 개발, 신제품 디자인

구글은 실패한 팀에도 보너스를 줍니다. 구글의 비밀 연구 조직인 X는 2014년에 바닷물을 상업적인 연료로 개발하는 포크혼 프로젝트에 돌입합니다. 그러나 2년 후 프로젝트는 가격 경쟁력이 턱없이 낮다는 결론을 도출하며 아무런 소득 없이 종료됐습니다. 이 프로젝트에 참가한 팀원들은 어떻게 되었을까요? 발전 가능성이 전혀 없는 프로젝트에 돈을 퍼붓느니 그 실상을 정확히 파악하고 중단시킨 직원에게 보상하는 편이 낫습니다. 구글 X의 CEO이자 문샷 프로젝트의 수장인 아스트로 텔러는 "위험 요소가 많은 대형 프로젝트에 구성원을 참여시키는 유일한 방법은 얼마든지 실패해도 좋은 환경을 먼저 구축하는 것이다."라고 강조했습니다.

2단계: 참여 유도하기- 겸손하되 적극적으로 파고들어라

이제 리더는 '겸손'과 '적극적 질문'을 무기로 구성원에게 다가가야 합니다. 과거처럼 리더가 모든 정답을 안다는 듯이 군림해서는 조직이 성장할 수 없습니다. 아울러 리더는 자신의 겸손을 직원들에게 베푸는 혜택으로 여겨서는 안 됩니다. 오히려 회사의 생존을 좌우하는, 리더의 지극히 현실적인 태도이자 필수적인 마음가짐이라는 점을 깨달아야 합니다.

리더의 포용성 또한 중요합니다. "제가 뭔가를 놓친 것 같군요. 앞으로도 언질을 주시면 고맙겠습니다."라는 한마디로 조직 내 두려움이 눈 녹듯 사라질 수 있습니다. 2000년대 파산 직전의 제록스를 극적으로 회생시킨 CEO이자 이사회 의장인 앤 멀케이는 선

부른 지식으로 아는 척하지 않고 모르면 모른다고 솔직하게 인정했습니다. 직원들은 그를 "무지의 여왕"이라 불렀습니다.

리더는 적극적으로 질문해야 합니다. '정답을 모른다.'라는 태도로 물어야 하고 긍정이든 부정이든 상대방의 대답에 제한을 두지 말아야 합니다. 또한 구성원이 다른 의견을 제안할 수 있도록 적극적으로 독려해야 합니다. 좋은 질문의 예로는 "우리가 놓친 건 없을까요?" "다른 방법도 있지 않을까요?" "다르게 생각하는 분 없나요?" "어떻게 그런 생각을 하게 됐죠?" "사례를 들어줄 수 있나요?" 등이 있습니다.

3단계: 생산적으로 반응하기- 실패 축하 각오 돼 있는가

이는 진심으로 실패를 축하할 용기를 갖는 일입니다. 안전한 조직 환경을 만드는 리더의 마지막 임무는 '기꺼이 위험을 무릅쓰고 자신의 목소리를 낸 구성원에게 생산적인 반응을 보여주는 것'입니다. 구성원의 생각이 결과에 영향을 미치지 못할지언정 감사를

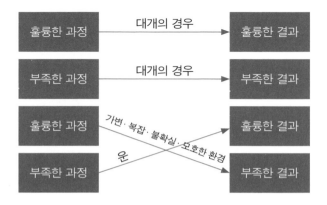

표현하고 실패를 숨겨 문제를 키우지 않도록 실패에 대한 인식을 '당연한 과정'으로 여겨야 합니다. 물론 규칙 위반 행위에는 단호하게 대처할 용기도 필요합니다.

사람들은 업무 성과가 자신의 능력을 나타내는 유일한 지표라고 느낀다면 자신의 능력이 부족하다고 평가받을까 두려워서 섣불리 위험을 감수하려 들지 않습니다. 하지만 결과와 더불어 '노력'과 '과정'이 평가에 반영된다고 믿으면 여러 가지 어려움을 감수하고서라도 새로운 아이디어를 끝까지 제안하며 파고들 것입니다.

실패에 대한 프레임도 바꿔야 합니다. 과거에는 실패가 '절대 받아들일 수 없는 것'이었다면 이제는 '도전하는 과정에서 생기는 당연한 결과'로 인식할 수 있어야 합니다.

	기존 프레임	새로운 프레임
실패의 개념	절대 받아들일 수 없는 것	도전하는 과정에서 생기는 당연한 결과
효과적인 결과에 대한 자신	낮다	높다
효과적인 결과에 대한 생각	능력 있는 직원은 실패하지 않음	능력 있는 직원은 실패를 통해 배우고 학습하며 동료와 공유함
목표	실패를 막음	실패를 통해 학습을 증진함
프레임 구성의 결과	모든 구성원이 실패를 숨김으로써 스스로를 보호함	공개토론, 민첩한 학습, 지속적 혁신

규칙 위반 행위에 대해서는 엄격히 조치해야 합니다. "혹시 조직

에 해가 되진 않을까?"라며 걱정하시나요? 결론부터 말하자면 전혀 그렇지 않습니다. 누군가 규칙을 위반하거나 계속해서 편법을 쓴다면 당사자는 물론이고 조직 전체에 빨간불이 켜집니다. 이럴 때는 차라리 해고 조치가 심리적 안정감을 강화합니다. 또한 구성원들은 이를 '위험하고 옳지 못한 행동에 대한 정당한 대응'으로 간주하므로 걱정할 필요가 없습니다.

어떤 조치가 생산적인 반응인지를 판가름하는 척도는 그것이 어떤 효과를 불러오느냐에 달려 있습니다. "회사에 반대되는 의견은 절대 용인할 수 없다."라거나 "단 한 번이라도 규칙을 어기면 당장 해고"라는 식의 위협적인 메시지는 전혀 생산적이지 않습니다. 어떠한 결과든 겸허히 받아들일 준비만 되어 있다면 실수를 범하든 남들과 다른 목소리를 내든 모두 인정받을 수 있다는 메시지를 전하는 것이 중요합니다.

심리적 안정감은 직원 몰입도와 연결이 된다

사람들이 살아가는 방식을 문화라고 합니다. 공동의 목표를 달성하기 위해 함께 일하는 곳을 조직이라고 하죠. 따라서 조직문화는 조직 구성원들이 일하는 방식을 말합니다. 결국 "조직문화를 변혁하자."라는 말은 "일하는 방식을 바꿔보자."라는 의미입니다.

흔히 기업문화를 이야기할 때 조직 구성원의 만족도에 관해 이야기합니다. 만족도와 몰입도는 다릅니다. 업무 만족도는 직원이 자신의 업무를 얼마나 즐기며 흡족해하는가를 나타내는 척도입니다. 하지만 만족도가 높다고 해서 업무에 더 적극적으로 참여하거나 잘해내려는 의지를 불태우는 것은 아닙니다. 자발적인 노력의 정도를 가늠하기 위해서는 직원이 자신의 업무나 조직에 얼마나 열정적으로 임했는지를 나타내는 지표인 직원 몰입도를 참고해야 합니다. 경영진에 대한 직원 신뢰도가 높을수록 직원들의 심리적 안전감이 높아지고 이는 다시 직원 몰입도를 높이는 결과로 이어집니다.

구성원들끼리 자유롭게 의견을 나누고 실수를 통해 학습하는 조직을 만들어야 합니다. 조직의 두려움을 제거하고 심리적 안전감을 높임으로써 멋진 성과를 낼 수 있는 조직문화를 구축해야 합니다.

✳ 더 생각해볼 것들!

위계질서를 타파하고 두려움 없는 조직으로 거듭나라

정구현 이 책의 주장은 다음과 같이 정리할 수 있겠습니다.

1. 언로가 막혀 있는 조직(스피크업을 할 수 없는 조직)은 학습, 혁신, 성장을 제대로 하지 못한다.

2. 소통하고 대화하는 조직이 되려면 심리적 안정감이 있어야 한다. 심리적 안정감이 있는 조직이 '두려움 없는 조직'이다.

3. 두려움 없는 조직이 되기 위한 조건은 무엇인가? 리더가 토대를 만들고 직원의 참여를 유도하여 '생산적 반응'이 나오도록 해야 한다.

4. 여기서 '생산적 반응'이란 실패에 대한 조직의 대응을 말하는

데 '창조적 실패'에 대해서는 이를 업적으로 인정하고 심지어는 축하까지 해야 한다.

5. 심리적 안정감이 있는 조직을 만드는 데는 리더의 역할이 절대적이다. 리더에게는 상황적인 겸손과 적극적인 질문 그리고 적절한 구조와 절차 만들기가 필요하다.

한국 기업도 패스트 팔로어fast follower가 아니고 혁신 리더innovation leader가 돼야 합니다. 특히 이제는 제조업과 대량생산의 표준화보다는 혁신이 필요한 시점이라서 이 책의 소구력이 높은 것 같습니다. 저자도 한국판 서문에서 한국 기업이 위계질서가 강하기 때문에 스피크업을 하기가 좀 더 어려울 것이라고 언급하고 있는데 실제로 그럴까요? 아마도 여러 회사에서 매우 현실적인 문제일 것 같습니다.

새로운 리더는 창조적 실패를 긍정하고 겸손하게 배운다

정구현 다음의 사항은 꼭 짚고 넘어가야 합니다.

이 책에서 처음 접하는 내용이 '창조적 실패'라는 개념입니다. 우리는 모두 실패하지 않으려고 엄청나게 노력하잖아요. 어려서부터 시험에 틀리지 않으려고 노력해왔고 회사 일에서도 완벽을 기하려고 노력하지요. 많은 조직에서 완벽주의자가 성공하도록 돼 있는데요. 이 책은 실패를 보상하고 심지어 축하 파티도 하라고 합니다.

기존 리더상은 "정답을 갖고 있다." "리더는 지시하고 직원은 지시받은 내용을 수행한다." "직원의 성과를 평가한다."입니다. 새로운 리더상은 "방향을 정하지만 직원의 의견을 수렴해 전략을 수립한다." "지속적으로 학습할 수 있는 환경을 조성한다." "지식과 통찰력으로 회사에 기여한다."입니다. 그러면서 자신감과 겸손이 서로 모순이 아니라고 말합니다.

6장
어떻게 조직 역량을
높일 것인가

임직원의 역량과 열정이 경쟁우위다

강한 군대가 전투에서 승리하는 것처럼 강한 기업이란 우선 시장경쟁에서 이기는 조직입니다. 그런데 시장경쟁은 1회로 끝나는 것이 아니고 1년 내내 또는 수년 내내 지속됩니다. 어떻게 보면 시장경쟁은 끝이 없지요. 이렇게 계속되는 시장경쟁에서의 우위는 지속가능한 경쟁우위로 유지됩니다.

혁신이 중요한 시기에 지속가능한 경쟁우위는 무엇보다 임직원의 역량과 열정을 바탕으로 합니다. 역량은 임직원이 가진 '지식+스킬'의 합으로 구성되는데요. 요즘에는 지식보다는 스킬을 중시하는 경향이 강합니다. 이제 지식은 어디서나 누구나 쉽게 얻을 수 있기 때문입니다. 특히 디지털 전환이 대세가 되면서 업무에 당장 적용할 수 있는 스킬이 크게 강조되고 있습니다. 미국 기업의 경우에는 최근에 직무$_{job}$를 직함$_{title}$이 아니라 업무$_{task}$와 숙련도$_{skills}$의

집합체로 새로 규정하고 있다고 합니다. 이런 접근에서는 기업에 필요한 스킬에 따라서 임직원을 수시로 교체한다는 전제가 깔려 있는데요. 과연 한국과 같이 노동시장이 경직되어 있는 상황에서 그러한 '수시교체형 인적자원관리disposable HRM'가 가능한지 불분명합니다. 한국 기업에서는 고용이 보장된 직원과 수시 교체가 가능한 간부 간에 다른 인적자원관리 방식이 존재한다고 볼 수도 있습니다.

한국형 HRM은 신뢰 기반 유연화로 가능하다

한국 노동시장에 알맞은 인적자원관리 방식은 '고몰입형 HRM'이라고 할 수 있습니다. 이를 위해서는 조직 내 신뢰와 협력적 문화가 필수적입니다. 그리고 조직 내 신뢰는 구성원의 목표 공유와 조직이 약속을 잘 지키는 것이 필요합니다. 그런 조직문화를 바탕으로 조직 내에 유연한 노동시장을 구축하는 것이 하나의 방안이 될 수 있겠습니다. 노동시장의 유연성이 약하니까 기업 내 노동시장 유연성으로 이를 보완하는 방법입니다. 새로운 스킬을 계속 학습하도록 제도와 기회를 만들어야 하고 또한 필요에 따라서 조직 내에서 이동이 가능하도록 해야 합니다. 유니레버는 사내에 고용시장 개념을 도입해 각자가 가진 역량에 따라서 다양한 일을 선택할 수 있게 하고 있다고 합니다.

새 시대에는 가치관도 과거와는 달라진다

요즘 세계적으로 MZ세대에 대한 논의가 많은데요. 2025년을 기준으로 25세부터 45세 정도 되는 청년층의 가치관과 행동양식이 과거와는 다르다는 인식입니다. 신세대의 특징으로는 '① 효율보다 가치를 더 중요시한다. ② 집단주의가 아니고 개인 중심이다. ③ 이기적이기보다는 독립적이다. ④ 통제보다 자율을 더 선호한다. ⑤ 미래보다는 현재를 더 중요시한다.' 등을 들 수 있습니다. 신세대의 가치관은 한국이나 다른 선진국에서만 발견되는 건 아니고 중국의 신세대도 그렇다고 합니다. 신세대의 가치관은 경제적 풍요의 영향도 받지만 소셜네트워크와 디지털 미디어의 영향도 큰 것 같습니다. 그런데 중요한 것은 이제 이 청년층이 직장에서 주류가 되어 있다는 점입니다. 더 이상 기성세대의 관점에서 MZ세대를 '다른 집단'으로 구분 짓는 일은 시효가 지났습니다. 이제는 세대가 바뀐 것이 아니라 시대가 바뀌었다는 인식이 필요하며 청년층의 가치관이 지금 시대의 가치관이라는 인식이 필요합니다. 사회가 평준화, 민주화, 개인화되고 청년들이 더 교육도 잘 받고 또 디지털 역량도 뛰어나기 때문에 이들을 사회의 주역으로 대우하고 사회의 많은 시스템을 이들 중심으로 돌아가게 해야 합니다.

젊은 세대의 가치관과 관련해서 MZ세대가 느끼는 행복 영향 요인을 보면 성장, 자율, 소통, 워라밸, 보상의 순서로 나와 있습니다. 매슬로의 욕구단계설과 크게 어긋나지 않는 결과이고 이것은 기존 세대와 크게 다르지 않습니다. 일을 통한 자아실현과 자율적인 업무 추진을 중요시하며 보상이나 워라밸은 중요도가 그다음입니다. 그러나 다음 단계의 분석을 보면 상당히 다릅니다. 위에서 행복 영향 요인 1번으로 나온 성장의 세부 요인에서 학습이나 승진보다는 시장가치, 전문성, 새로운 도전이 각각 성장의 구성요소 1~3위로 나와 있습니다. 가장 흥미로운 것이 시장가치인데요. 이는 임직원이 생각하는 자신의 경쟁력과 몸값입니다. 요즘과 같이 기업의 환경이 불확실하고 수명은 길어지는 상황에서 모든 직장인이 가장 중요시하는 요인은 자신의 몸값을 올리는 경험과 학습이라는 게 어쩌면 당연합니다. 다시 말하면 새 시대에는 지금 직장 내 승진보다 시장가치가 더 중요하다는 말입니다. 그렇다면 회사의 인사정책도 거기에 맞춰서 바뀌어야 하겠지요. 뭔가 배우는 게 있고 그 스킬이 다른 데서도 인정받을 것이라는 확신이 있어야 개인 주도 학습을 할 겁니다.

새 시대의 강한 조직을 위한 답을 제시하다

이런 경향은 바로 인재의 수평적인 이동이 많아진 현상을 반영합니다. 4차 산업혁명으로 전통 산업은 붕괴하고 새로운 산업이 부상하고 있습니다. 기업들이 새로운 산업을 추진하면서 새로운 인재가 많이 필요할 것 같습니다. 그러다 보니 외부 영입이 많아져 신입사원보다는 경력사원 채용이 일반화되었습니다. 또한 원격근무가 확산되면서 업무의 과정보다는 결과와 성과가 더 중요시되고 있습니다. 또한 조직도 과거보다 훨씬 더 수평화, 슬림화, 유동화되었습니다. 그렇다 보니 현재의 자기 업무에서 느끼는 만족도도 낮아지는 경향이 있습니다. 말하자면 스스로 진부해지고 있다고 느끼는 경향이 있습니다. 청년 직원의 고민이 엿보입니다. "회사를 떠나고는 싶지 않지만 우리 회사에서 나의 시장가치를 높일 수 있는 선택지가 별로 없습니다." 다시 말하면 지금의 조직과 인재의 문제는 새로운 세대의 문제가 아니고 새로운 시대의 문제입니다. 새 시대에 맞는 인재관리가 필요합니다.

기업의 문제는 결국 조직의 문제입니다. 외부 환경이 나빠지고 불경기가 와도 조직이 잘 버티면 극복해갈 수 있습니다. 조직이 약하면 작은 충격에도 기업이 무너질 수 있습니다. 어떻게 하면 강한 조직을 만들 수 있을까요? 시즌 1에서 캐플런과 노튼의 『균형성과 관리지표BSC』는 성과를 달성하기 위한 측정지표를 제시합니다. 시즌 2에서 드러커의 『매니지먼트』, 콜린스의 『좋은 기업을 넘어 위대한 기업으로』, 밀러의 『이카루스 패러독스』는 조직에 대한 답을 주려는 책입니다. 세 권의 책이 모두 유명한데 강조하는 바는 조금씩 다릅니다.

드러커는 기업과 경영자의 역할에 대해서 강조합니다. 기업의 목적은 고객창조에 있다고 보고 경제와 사회에서 기업이 어떤 역할을 해야 하는가를 설파하고 있습니다. 콜린스는 기업의 성공에서 전략보다는 조직이 더 중요하고 특히 인재가 중요하다고 강조합니다. 밀러는 매우 성공적인 기업이 왜 쇠락의 길로 접어드는가를 설명합니다. 성공이 조직의 유연성을 약화시키고 기업을 오만

하게 만들어서 기업의 몰락이 시작된다고 경고합니다.

• 캐플런과 노튼의 『균형성과관리지표 BSC』(1996)
이 책은 전략을 성과지표와 연결해서 구체화하는 틀을 제시합니다. 학습(스킬), 경영 프로세스, 고객가치, 재무적 성과를 연결하여 전략 수립 및 실행 과정과 방법론을 구체적으로 제시하고 있어서 경영자가 실무적으로 활용할 수 있습니다.

• 드러커의 『매니지먼트』(1973)
『매니지먼트』는 1973년에 처음 출간되었으니까 『경영의 실제』 이후 20년 만에 나온 책입니다. 이 책에는 참 주옥같은 이야기가 많습니다. 거의 '기업경영의 바이블'이라고 하겠습니다. 기업뿐만 아니라 모든 조직에 적용되는 천금 같은 내용입니다. 지금부터 50년 전에 쓴 책인데 지금 이 시기에도 굉장히 적절한 언급이 많습니다. 이 책에서 드러커 교수가 한 말 중 몇 가지를 강조하려고 질문 형식으로 제시합니다.

1. 기업이 할 일은 두 가지로 집약된다. 무엇인가? 마케팅과 혁신이다.
2. 기업의 목적은 이윤 극대화인가? 기업의 목적은 고객을 창조하는 것이다.
3. 매니저는 무엇을 하는 사람인가? 조직의 성과에 책임을 지는

자다.

4. 적정한 시장점유율은 얼마인가? 100의 80%보다 250의 40% 가 더 좋다.

5. 미래는 극도로 불확실하니까 현재만 보고 의사결정을 하면 되 나? 경제활동이란 현재의 자원을 불확실한 미래에 거는 것이 다. 경영의 본질은 위험감수다.

6. 공공기관과 기업은 어떻게 다른가? 기업은 고객만족을 통해서 대가를 받고 공공기관의 성과는 예산의 획득이다.

7. X이론과 Y이론은 어느 것이 옳은가? 당근과 채찍에 의한 경 영은 이제 가능하지 않다. 업무상 인간관계는 존경에 기초해 야 한다.

8. 경영과 혁신은 다른 것인가? 경영과 혁신은 동전의 양면과 같 다. 경영과 기업가 정신을 구별하는 것은 말도 안 된다.

• 밀러의 『이카루스 패러독스』(1990)

대부분의 경영학 책은 성공적인 기업을 연구합니다. 성공한 기 업을 추적해서 연구한 첫 번째 히트 책은 1982년에 나온 톰 피터 스와 로버트 워터먼이 공저한 『초우량 기업의 조건』이었고 그 이 후에 성공하는 기업에 관한 책이 여러 권 나와서 대히트를 했습니 다. 실패한 기업에 관한 책은 별로 인기가 없습니다. 사람들은 실 패한 나라나 기업에 대해서 관심이 별로 없습니다. 또 실패한 기업 을 연구하기도 어렵습니다. 실패한 기업은 사라지기도 하지만 실패한 경영자는 실패담을 말하기를 당연히 꺼리겠지요. 또 실패담을 이야기하려면 특정인을 지칭하거나 비난해야 하니까 더 어렵습니다. 그런데 밀러의 『이카루스 패러독스』는 기업이 왜 실패하는가를 체계적으로 설명합니다. 정확히 말하면 한때 잘나가던 매우 성공적인 기업이 왜 실패하는가를 설명하는 책입니다.

그리스 신화에 나오는 이카루스는 밀랍으로 만든 인조 날개로 하늘을 날다가 태양에 너무 가까이 다가가는 바람에 녹아서 에게해에 떨어져 죽었다고 합니다. 이 신화에는 가장 소중한 자산이 파멸로 가는 도구가 될 수 있다는 역설이 숨어 있습니다. 밀러는 많은 우량기업이 자기가 가장 잘하는 것, 그러니까 핵심역량을 지나치게 추구하다가 이게 실패의 원인이 된다고 경고합니다. 성공에는 실패의 씨앗이 심겨 있다는 이야기이지요. 구체적으로 밀러는 네 가지 유형의 매우 성공적인 기업의 모형을 제시하는데요. 품질을 중시해서 성공한 기업은 장인craftsman, 다각화와 인수합병M&A과 같은 방식으로 성장을 추구한 기업은 빌더builder, 기술혁신에 올인해서 성공한 기업은 개척자pioneer, 영업에 뛰어나서 성공한 기업은 세일즈맨salesman으로 구분합니다.

그런데 성공한 이 기업들이 그 성공요인에 집착하다 보면 서서히 실패의 길로 접어든다는 겁니다. 장인이 품질의 완벽성을 지나치게 추구하면 시장과 유리된 편협한 조직이 됩니다. 다각화 성장을 과도하게 추구하다 보면 결국 자원을 낭비하고 경쟁력을 잃게 됩니다. 발명과 기술혁신에만 집중하다 보면 기술 유토피아에 빠져서 현실과 유리될 수 있습니다. 우수한 판매와 마케팅에 의존해서 시장점유율을 확대하다 보면 기술, 품질, 원가와 같은 본원적인 경쟁력을 소홀히 해서 기업이 표류하게 된다는 겁니다.

성공하기도 쉽지 않지만 지속하기는 더욱 어렵습니다. 밀러는 성공을 가져온 그 요인이 바로 실패로 연결될 수 있다고 주장합니다. 그건 왜 그럴까요? 간단히 말하면 자만심이 생겨서 조직이 변신하지 못하기 때문일 겁니다. 기업이 성공하게 되면 자신감이 자만심이 되면서 현재 우리가 하는 방식이 최고라고 생각하게 되고 변화를 거부하게 됩니다. 조직 내에서 변화를 추구하는 사람들은 소외되고 조직을 떠나게 되겠지요. 짐 콜린스가 쓴 실패에 대한 책 『위대한 기업은 다 어디로 갔을까』에서 조직 몰락의 5단계를 제시하고 있습니다. 첫 단계가 바로 '성공으로부터 자만심이 생겨나는 시기'입니다.* 자만심이 생겨 조직이 경직되면서 시대와 환경의 변화에 제대로 대응하지 못하는 것이 성공하는 기업이 쇠퇴하는 하나의 패턴이라고 하겠습니다.

---

* 영어 제목이 'How the Mighty Fall'(2009, 번역판은 2010년 김영사가 발간)인 이 책에서 콜린스는 몰락의 5단계를 1. 자만심이 생겨나는 시기 2. 원칙 없이 더 많은 욕심을 내는 시기 3. 위기 가능성을 부정하는 시기 4. 구원을 찾아 헤매는 시기 5. 생명이 끝나는 시기로 구분한다.

7장
어떻게 아이디어를
확산할 것인가

『디지털 경제』

『컨테이저스』

1. (경영 이론)

혁신은 빨리 널리 알려야 의미가 있다

혁신적인 아이디어나 제품을 개발했다고 해서 시장에서 바로 성공하지는 않습니다. 경쟁의 바다를 건너가야 하는데 핵심은 잠재고객에게 신제품을 빨리 그리고 널리 알리는 일입니다. 그런데 21세기에 들어서서 미디어 환경이 크게 바뀌었습니다. 디지털화가 급속하게 진행하면서 많은 변화가 진행 중입니다.

탭스콧은 디지털 경제를 "한계생산비가 제로인 지식상품이 인터넷으로 이동하는 경제"라고 정의합니다. 지식은 원래 한계생산비가 제로입니다. 차세대 신약이 나왔다고 가정해봅시다. 신약과 관련된 지식은 여러 군데에 사용해도 추가적인 비용이 크게 들지 않습니다. 다국적기업의 기업특유우위가 바로 그런 지식의 성격입니다. 그 지식을 A라는 나라에서 사용했다고 해서 그 지식이 없어지는 것이 아니고 B나 C라는 시장에서 계속해서 사용할 수 있습니다. 한계생산비가 제로이기 때문입니다. 그래서 근대적인 기업은 '지식에 기반한 경쟁우위'가 있어야 한다고 말합니다.

그래서 디지털 경제를 '지식상품이 인터넷으로 이동하는 경제'라고 줄여서 말할 수 있겠습니다. 그렇게 보면 디지털 경제가 가져오는 변화는 세 갈래로 설명이 가능하겠습니다. 미디어의 변화, 플랫폼의 등장, 탈소비 시대의 시작입니다. 하나씩 살펴볼까요?

뉴미디어의 등장으로 인플루언서의 시대가 열렸다

요즘 유튜브에 정보가 넘쳐나고 있습니다. 인스타그램, 페이스북, 틱톡 등도 마찬가지입니다. 이런 소셜미디어SNS는 전통 미디어와는 상당히 다릅니다. 이런 특징이 있습니다.

- 상호작용이 가능한 쌍방향입니다. 댓글을 통해서 쉽게 소통하고 의견을 나눕니다.
- 누구든지 콘텐츠를 만들어서 올릴 수 있습니다. 1인미디어도 가능합니다.
- 글, 사진, 동영상, 리뷰, 블로그 등 다양한 콘텐츠를 생산하고 배포할 수 있습니다.
- 실시간으로 소통할 수 있어서 전염성이 매우 강하고 확산 속도가 빠릅니다.
- 글로벌 연결성이 강해서 국경을 넘는 정보와 문화의 교류가 일어납니다. (예: 한류)

전 세계적으로 소셜미디어가 확산하면서 인플루언서라는 강력한 영향력을 가진 사람들이 등장합니다. 글래드웰은 『티핑 포인트』에서 전문성과 설득력이 있는 마당발의 영향력을 말하고 있습니다. 앞에서 사람들은 소수의 영향력 있는 사람들한테 휘둘린다고 했는데 바로 소셜미디어가 그런 영향력 있는 사람들의 시대를 열었습니다. 그러면서 전통 미디어도 여러 형태로 뉴미디어에 참여하고 있습니다.

롱테일 경제가 등장해서 다양한 니즈를 충족시키다

인터넷으로 소비자와 연결되는 플랫폼에 대해서는 이미 앞에서 설명했습니다. 플랫폼은 소비자의 생각이나 구매를 엿볼 수 있어 소비자 데이터를 축적하고 이 축적된 데이터를 추후 다른 사업으로 연결합니다. 더군다나 네트워크 효과가 있어서 락인lock-in 효과로 고객을 묶어둘 수도 있지요. 더 나아가서는 공급자나 판매자와도 연결해서 플랫폼을 만들면 교차적인 네트워크 효과도 발생합니다. 그리고 긍정적인 고객경험은 바이럴을 통해서 급속하게 확산합니다. 반대로 소비자가 부정적인 경험을 하게 되면 이는 기업에 큰 손실로 이어질 수 있습니다. 한 번의 구매가 중요한 것이 아니고 긍정적인 고객경험이 축적되어야 브랜드 충성으로 이어집니다. 뉴미디어 자체가 플랫폼입니다.

디지털 미디어의 또 다른 효과로 과거에는 불가능했던 틈새시장을 공략하거나 수요가 제한된 특수한 상품을 판매할 수 있게 되었습니다. 과거에는 '20대 80 룰'이라는 개념이 있었습니다. 20%의 고객이 전체 수요의 80%를 점한다는 겁니다. 그러므로 기업은 상위 20%의 고객에게 집중해서 서비스해야 했습니다. 그런 시대는 매스마케팅의 시대였습니다. 상위 20%의 고객을 만족시키는 표준적인 제품을 대량생산하고 대량판매하던 방식입니다. 그러나 소셜미디어 시대에는 고객 개개인의 다른 취향이나 니즈를 알 수 있습니다. 그리고 지식상품은 한계생산비가 제로이므로 이 고객들에게 다양한 상품을 제공할 수 있습니다. 유튜브나 넷플릭스에서 알고리즘이 이런 일을 하고 있습니다. 개개인의 취향과 니즈에 맞게 콘텐츠를 제공하고 있습니다. 이런 경제를 롱테일 경제라고 부릅니다.

롱테일 경제는 매우 민주적인 경제입니다. 기업이 돈이 많거나 중요한 고객만을 상대로 하는 것이 아니고 사회적 소수자에게도 원하는 서비스를 제공하니까요. 롱테일 경제는 바로 '다양성'으로 연결됩니다. 다양한 고객의 니즈를 다 충족시킵니다. 그래서 중요한 개념이 나옵니다. '대중개인화mass customization'라는 모순된 마케팅이 나오게 됩니다. 다수의 고객을 상대로 규모의 경제를 달성하면서 동시에 다양한 고객의 니즈를 다 충족시켜야 합니다. 지식상품은 한계생산비가 낮고 유통비용도 낮아서 이런 대중개인화가 쉽습니다만 전통 제조업은 쉽지 않습니다. 예를 들면 자동차 산업이라면 사실은 표준화된 제품을 대량생산하는 게 가장 경제적이겠지요. 그러나 지금 시대에는 자동차도 대중개인화에 맞는 생산 및 유통 시스템을 갖춰야 합니다. 이제 승용차도 디지털 디바이스(단

말기)가 되고 있습니다.

제품이나 서비스의 철학, 가치, 이야기를 소비한다

디지털 경제와 직접적인 관계는 없지만 요즘 소비자의 새로운 경향도 눈여겨보아야 합니다. 아래 소개할 『보랏빛 소가 온다』에서 고딘은 이런 주장을 합니다. "대중소비 시대는 이제 끝났다." 이 책의 메시지는 우리가 이제 탈소비 시대에 살고 있다는 겁니다. 물건은 넘쳐나는데 시간이 없는 시대라는 겁니다. 앞에서 말한 대중개인화와도 연결되는 주장입니다. 그런데 요즘 소비자의 성향 중에서 '개념소비'라는 행태가 있습니다. 개념소비란 제품이나 서비스의 기능적인 가치보다는 제품이나 서비스가 상징하는 철학, 가치, 이야기 등에 더 중점을 두는 소비입니다. 매슬로의 욕구단계설에서 최상위 욕구가 '자기성취'인데 말하자면 소비를 통해서 자기성취 내지는 자아를 발현해보겠다는 겁니다. 파타고니아 브랜드가 주는 가치도 그렇고 탈탄소 시대의 도래를 원하는 소비 행태도 예가 되겠습니다. 이런 경향도 개인화와 연결되는 거지요. 디지털 경제가 가져오는 변화는 미디어의 변화, 롱테일 경제, 대중개인화, 개인의 가치가 반영되는 개념소비로까지 연결되어서 신상품과 혁신의 사회적 확산을 위한 새로운 접근을 요구하고 있습니다.

시즌 2에서 공부한 글래드웰의 『티핑 포인트』, 고딘의 『보랏빛 소가 온다』, 트라우트와 리스의 『포지셔닝』과 시즌 3에서 공부한 버거의 『컨테이저스』, 아커의 『브랜드 자산과 전략적 관리』, 탭스콧의 『디지털 경제』가 이 질문에 답하고 있습니다. 글래드웰은 유행은 전염병과 비슷하게 일시에 확 퍼진다고 생각합니다. 이렇게 유행이 폭발적으로 확산하는 시점을 티핑 포인트(임계점)라고 하는데 여기에는 소수의 영향력 있는 사람들이 큰 역할을 한다고 주장합니다. 고딘은 탈소비 시대에서는 새롭고 독특하고 매력적인 상품이 아니면 소비자의 관심을 끌지 못한다고 주장합니다. 트라우트와 리스도 고객의 마음을 사로잡는 방법에 대해서 다양한 아이디어를 제시합니다. 탭스콧은 『디지털 경제』에서 통신망, 컴퓨터, 콘텐츠(지식상품)로 구성된 쌍방향 미디어에 대해 설명합니다.

• 글래드웰의 『티핑 포인트』(2000)

이 책은 2000년에 나왔는데 번역본 부제는 '작은 아이디어는 어떻게 빅트렌드가 되는가'로 되어 있습니다. 말콤 글래드웰은 언론인이면서 『아웃라이어』 『블링크』와 같은 베스트셀러를 쓴 작가이기도 합니다. 이 책을 읽으면서 정말 스토리텔링에 뛰어난 재주가 있는 저자라고 느꼈습니다. 이 책은 사회적 전염병을 '티핑 포인트'라는 개념으로 설명하고 있습니다. 티핑 포인트는 유행이 입소문을 타면서 확 퍼지는 임계점을 말합니다. 유행은 전염성이 있고 작은 원인이 큰 결과를 낳게 되며 변화가 서서히 나타나는 게 아니라 극적인 한순간에 일어난다는 겁니다. 그걸 사회적 전염병이라고 부를 수 있습니다. 유행은 한순간에 극적으로 부상할 수도 있고 한순간에 꺼질 수도 있습니다.

이 책은 작은 아이디어가 크게 확산하여 유행이 되는 현상을 설명하려고 많은 예를 들고 있습니다. 1년 전만 해도 3만 켤레가 채안 팔리며 다 망해가던 허시파피라는 신발 브랜드가 어떻게 1995년에 43만 켤레나 팔려 나갔는지, 왜 볼티모어나 콜로라도 스프링스 같은 지역 사회에서 어느 시점에 갑자기 성병이 크게 번지게 되었는지, 또 매년 급증하던 뉴욕시의 범죄가 1992년 초에 왜 갑자기 크게 감소하기 시작했는지 이야기합니다. 이런 대유행이나 대감염의 원인은 무엇일까요? 대유행의 공통점은 무엇일까요? 이 책은 대유행이나 기조의 변화가 조직이나 사람들의 의도적인 노력이라기보다는 소수의 사람들의 행동의 변화가 변화의 기폭제가 되었다고 주장합니다. 그 폭발 시점이 티핑 포인트인데요. 그런데 소수의 사람들의 행동 변화가 모두 큰 유행이 되지는 않겠지요. 그럼 어떤 상황에서 작은 아이디어나 변화가 큰 전환의 기폭제가 될까요? 이 책은 세 가지 요인을 제시하고 있습니다.

그 세 가지 요인은 소수의 사람들, 고착성, 환경입니다. 소수의 사람들은 영향력이 있는 사람이니 요즘 말로 인플루언서입니다. 이 소수의 사람들이 커넥터connector, 메이븐maven, 세일즈맨salesman의 성격을 가지고 있다는 겁니다. 커넥터는 소위 마당발인데 여러 사람과 연결된 사람입니다. 메이븐은 전문가이고 세일즈맨은 판매원을 말하는데 설득력 있는 사람입니다.

• 고딘의 『보랏빛 소가 온다』(2003)

이 책은 초판이 2003년에 나왔고 2009년에 개정판이 나왔습니다. 영어 개정판의 부제는 '독특한 방식으로 사업을 전환하라trans-form your business by being remarkable'라고 되어 있네요. 이 책의 키워드는 바로 '리마커블'입니다. '뛰어나게 독특한'이라고 번역할 수 있을까요? 한글 번역판은 2004년에 나왔는데 부제가 '광고는 죽었다'입니다. 세스 고딘은 책을 많이 썼습니다. 19권을 쓴 것으로 알려져 있는데요. 베스트셀러가 많고 35개 국어로 번역되었다고 합니다. 국내에도 고딘의 책이 여러 권 나와 있습니다.

이 책은 『티핑 포인트』와 같은 맥락의 책이라고 하겠습니다. 티핑 포인트는 사회적 유행(전염병)을 설명하면서 소수의 영향력 있는 사람인 마당발, 전문가, 판매원을 동원해야 한다고 했지요. 이 책도 히트상품을 만들려면 대중을 상대로 매스마케팅을 하지 말고 소수의 사람들, 여기서는 '초기수용자'를 설득할 독특한 상품을 만들라고 합니다. 그런 상품을 '보랏빛 소'라고 부릅니다. 그러고 보면 이 책의 제목은 "보랏빛 소가 온다"가 아니고 "보랏빛 소를 만들라"가 더 적합할 것 같아요. 이 책의 강력한 메시지는 "우리는 이제 탈소비 시대에 살고 있다."라는 겁니다. 발명될 건 다 나와 있고 물건은 넘쳐나는데 부족한 건 시간이니 이런 탈소비 시대에는 "새롭고 독특하고 매력적인 상품이 아니면 소비자의 관심을 끌지 못한다."라는 주장입니다. 그러니까 대중을 상대로 하는 매스마케팅 시대는 지나갔다는 거지요. 소수의 마니아를 상대로 하는 '보랏빛 소'를 만들어야 합니다.

• 트라우트와 리스의 『포지셔닝』(1981)

이 책이 답하려는 질문은 "우리 회사와 제품을 어떻게 하면 고객의 마음속에 확실하게 자리 잡게 할 것인가?"라고 하겠는데요. 이 책은 사실 읽기가 좀 어려운 책입니다. 그 이유는 세 가지인데요. 첫째는 개념 자체가 좀 애매합니다. 이 책은 포지셔닝을 '잠재고객의 마인드에 자기 자신을 차별화하는 방식'이라고 정의하고 있는데요. 잠재고객의 마인드에 어떻게 들어가고 어떻게 측정하나요? 이게 고객의 '마인드셰어mind share'인데 그걸 측정하는 방법론이 구체적으로 나와 있지 않아요. 요즘 같은 빅데이터 시대에는 좋은 방법이 있을 것 같은데요. 두 번째는 책에 너무나 많은 회사와 브랜드가 나와 있습니다. 특히 미국 시장을 아주 잘 알지 못하면 쫓아가기가 어렵습니다. 또한 사례가 수십 년 전의 것이 많아요. 세 번째는 책의 내용이 좀 산만합니다. 전체가 22장으로 구성되어 있는데요. 체계가 좀 없다고 할까요? 구태여 나누자면 대여섯 파트로 구성되어 있습니다.

• 버거의 『컨테이저스』(2013)

컨테이저스contagious는 전염성이라는 뜻입니다. 부제가 '어떤 것이 왜 뜨나?'이니까 "제품이나 아이디어가 어떻게 사람들의 관심을 끌 수 있을까?" 또는 "상품이나 아이디어로 사람들의 이목을 끌어서 빨리 퍼져나가게 하는 방법은 무엇일까?"로 바꿔 말할 수 있겠어요. 마케터에게는 아주 중요하고 꼭 필요한 질문입니다. 와튼스쿨 교수인 저자는 말콤 글래드웰의 『티핑 포인트』를 읽고 영감을 받아서 이 분야를 연구했다고 책에 쓰고 있습니다.

이 두 책의 내용을 종합하면 "사람들은 감성적이고 때로는 비합리적이며 소수의 영향력 있는 사람에게 휘둘려서 유행을 쫓고 시류에 흔들린다."라는 겁니다. 이 책에서는 어떤 아이디어나 상품이 대유행하는 데는 여섯 가지 변수가 있다는 건데요. 소셜 화폐, 계기, 감성, 대중성, 실용적 가치, 스토리텔링으로 저자는 이 여섯 가지 변수를 줄여서 스텝스STEPPS라고 부릅니다. 결국 사람은 그렇게 간단히 특징 지을 수 없을 것 같아요. 감성적이면서 동시에 이성적이고 때로는 남의 영향을 많이 받지만 또 때로는 매우 독립적이지요. 우리에게 필요한 것은 인간의 이성·감성과 집단주의·개인주의의 2중 양면성을 이해하려는 노력일 것 같아요.

• 탭스콧의 『디지털 경제』(1994)

돈 탭스콧은 캐나다 출생으로 토론토를 기반으로 활발하게 저술과 강연을 하는 분입니다. 저자는 1980년대 초부터 지금까지 16권의 책을 썼는데요. 그중에서 『위키노믹스』(2006)는 25개국 언어로, 『블록체인 혁명』(2018)은 20개국 언어로 번역된 세계적인 베스트셀러라고 합니다. 누적해서 팔린 책 부수가 500만 부가 넘는다고 합니다. 탭스콧은 위키노믹스라는 말을 비롯해 신경제와 관련

한 개념의 네이밍을 많이 했다고 합니다. 최근에는 블록체인협회를 만들어서 아들과 같이 연구와 사업을 하는 것 같습니다. 저자의 학력을 찾아보니까 캐나다대학교에서 명예박사를 받은 것만 나오네요. 평생 자습으로 자수성가한 분 같습니다.

이 책이 1995년에 "디지털 경제"라는 제목으로 나왔으니까 디지털 시대라고 하기 시작한 지는 상당히 오래되네요. 디지털 경제의 정의는 무엇이고 역사는 얼마나 될까요? 정의는 위키피디아에 보니까 "한계생산비가 제로인 지식상품이 인터넷을 통해서 이동하는 경제"로 나와 있네요. 신경제와 동의어로 보면 되겠습니다.

여기서 키워드는 무형의 상품과 인터넷입니다. 지식상품은 바로 콘텐츠로 음악과 동영상을 포함하는 거지요. 인터넷을 통해서 지식이 자유롭게 이동하려면 세 가지가 필요하겠지요? 통신망, 컴퓨터, 지식상품입니다. 저자는 이 셋을 묶어서 "쌍방향 멀티미디어"라고 표현합니다. 디지털 경제의 인프라인 PC는 1970년대 중반에 나왔고 인터넷은 1990년대 중반에 보급되었죠. 그렇게 보면 디지털 경제는 1990년대 중반에 시작되었는데요. 이 책은 디지털 경제 시대를 여는 책이 되겠습니다. 디지털 경제의 역사가 이제 30년 정도 되었으니 이 책에서 주장하는 현상이나 원칙이 상식이 된 것도 많습니다.

2. (경영 고전) 『디지털 경제』

: 신경제의 아이디어는 인터넷을 통해 전파된다

돈 탭스콧은 누구인가

돈 탭스콧은 탭스콧그룹과 블록체인연구소를 이끌고 있는 캐나다의 유명한 기업인이자 작가이자 경영 컨설턴트입니다. 『매크로위키노믹스』『위키노믹스』『패러다임 시프트』『디지털 경제』『디지털 네이티브』『블록체인 혁명』을 비롯해 기술, 기업, 사회를 다룬 수많은 명저를 저술했습니다. 2017년 싱커스 50에서 2위에 올랐고 2019년에는 싱커스 50의 명예의 전당에 헌액되었습니다.

인터넷의 미래를 예언하다

인터넷은 언제부터 세상을 바꿨을까요? 다양한 주장이 있겠지만 1994년에 아마존과 야후가 탄생했으니 대충 이 무렵으로 보면 적당할 겁니다. 이후 1997년 넷플릭스, 1998년 구글, 2004년에 페이

돈 탭스콧(Don Tapscott, 1947~)

스북이 탄생하면서 세상을 완전히 바꿨죠. 그런데 1995년에 "인터 넷이 세상을 이렇게 바꿀 것이다."라고 말한 사람이 있습니다. 바로 돈 탭스콧입니다. 30년 가까이 지난 지금에 와서 이렇게 바꿨다고 말하는 것은 쉽지만 초창기에 미래를 얘기하기란 쉽지 않습니다. 그런데 그걸 예측했고 실제 제대로 맞췄다면 대단한 것 아닐까요? 그래서 『워싱턴 테크놀러지』는 그를 가리켜 "마셜 맥루언 이후 세계에서 가장 영향력 있는 미디어 분야 권위자"라고 평가했습니다. 탭스콧을 세계적인 경영사상가의 반열에 올려놓은 계기가 되었던 책이 『디지털 경제』입니다.

여러 기술이 유기적으로 결합하다

탭스콧은 "자동차가 세상의 문화를 물질적으로, 사회적으로 바

꾸어놓은 것처럼 쌍방향 멀티미디어가 세상을 다시 혁명적으로 변화시킬 것이다. 이미 미국은 자동차보다는 컴퓨터를, 건설 중장비보다는 반도체를 더 많이 생산하고 있으며 석유 정제보다는 데이터 처리 작업을 더 많이 하고 있다."라고 말합니다.

쌍방향 멀티미디어라는 용어를 어렵게 생각할 필요는 없습니다. 기술은 어려운 것이 아닙니다. 열두 살 소녀라면 다음과 같이 말하지 않을까요? "우리는 공부하려고 컴퓨터를 사용해요. 우리는 컴퓨터를 기술로 생각하지 않아요. 냉장고가 하는 것처럼 기술이 아니에요. 저는 냉장고에 가서 그냥 차가운 음식을 꺼낼 뿐이지 음식을 차갑게 하는 기술을 생각하지 않아요."

신경제를 12가지 테마로 나눠볼 수 있다

신경제의 주요 테마는 지식, 디지털화, 가상화, 분자화, 통합 인터넷, 중간 기능의 축소, 집중, 혁신, 프로슈머의 등장, 동시성, 글로벌화, 불일치입니다.

지식	당시 대표 기업인 마이크로소프트의 자산은 오로지 지식이었다. 즉 미래기업의 성공요건은 물리적인 것에서 인간적인 것으로 이동한다.
디지털화	디지털화한 정보가 디지털 네트워크를 통해 전달하는 새로운 세계가 전개된다. 방대한 데이터가 광속으로 배달되면서 기존 경제를 구성하던 많은 요인이 변화한다.
가상화	기업과 사업장이 가상공간화하면서 사업장끼리 교류가 확대된다. 인터넷상에서 노동하는 직업이 탄생하고 주식시장이 가상공간이 된다.
분자화	제트기의 부품을 보잉 등 대기업만이 생산하는 구조가 붕괴된다. 같은 기능과 기술을 보유한 여러 공급자가 납품하며 새로운 산업 구조로 재편된다.
통합 인터넷	정보가 같은 공간으로 통합되면서 기능들이 자연스럽게 통폐합된다. (15개 정부 부처와 관련된 일을 할 때 15군데를 모두 돌아다닐 필요가 없어진다.)
중간 기능의 축소	중간상, 도매상, 유통업자, 브로커라는 개념이 소멸한다. (주체와 객체가 직접 만나기 때문에 이들을 연결하는 일이 무의미해진다.)
집중	부가 집중되는 핵심 산업이 변화한다. (자동차, 철강 산업 → 컴퓨터, 통신, 콘텐츠 산업)
혁신	과거의 모든 패러다임과 결별하는 상황에서 혁신이 개인과 기업 모두에게 필수적이게 된다. (상상력을 갖춘 혁신적 사고를 가진 사람들의 세상이 도래한다.)
프로슈머의 등장	사이버 공간을 통해 생산과 유통에 참여하면서 주문형 생산이 일반화된다. (뉴스를 주문하거나 영화 줄거리를 바꿀 정도가 된다.)
동시성	실시간 기업이 주축이 된 경제가 형성된다. 제품 수명은 갈수록 짧아지고 모든 현상은 그때그때 반영되지 않으면 무의미해진다.

글로벌화	지식은 경계가 없다는 피터 드러커의 말처럼 디지털 경제에 장벽이 없다. (지구촌 모든 일이 옆집 일처럼 알려지고 직접적인 영향을 미친다.)
불일치	새롭게 형성된 패러다임은 과거 패러다임과 갈등을 유발한다. (권력, 사회, 경제, 노동, 교육, 가정 등 모든 분야에서 불일치로 인한 문제가 발생한다.)

인터넷 등장으로 세상이 근본적으로 변하다

탭스콧은 인터넷이 등장하면서 일어난 다섯 가지 변화에 유의해야 한다고 주장합니다.

1. 개인의 생산성이 더욱 높아진다

멀티미디어를 활용해서 개인의 역량을 높일 수 있습니다. 브리태니커 사전은 1990년에 연간 12만 세트가 팔렸지만 1996년의 판매량은 4만 세트에 불과했습니다. 1993년에 등장한 마이크로소프트의 백과사전 CD롬이 시장을 급속히 잠식했기 때문입니다. 등장한 해에 35만 장을 팔아치운 CD롬을 1996년에는 무려 200만 장을 팔았습니다. 백과사전이 PC 내의 멀티미디어로 대체된 것입니다. 물론 세상은 다르게 변했습니다. 2001년 온라인 백과사전 위키피디아가 등장하면서 2009년 마이크로소프트는 CD롬 출시를 중단했습니다. 사람들은 PC 앞에서 위키피디아를 살펴보며 더욱 생산성을 높일 수 있었죠. 결론적으로 개인용 멀티미디어의 출현으로 업무 및 학습 효율이 높아집니다.

2. 컴퓨터 네트워크가 일하는 방식을 바꾸다

1990년대 초중반까지 일본 기업의 위세는 대단했습니다. 노나카 이쿠지로 교수의 『지식창조기업』은 미국 기업의 벤치마킹 대상이었죠. 혼다가 중간 관리자를 중심으로 암묵지를 형식지로 바꾸는 지식창조 4단계 모델을 도입하여 '혼다 시티'라는 새로운 콘셉트의 차를 시장에 내놓은 것이 좋은 예입니다. 그런데 돈 탭스콧의 생각은 다릅니다. 인터넷을 통해 여러 팀이 동시에 일하고 그 내용을 플랫폼에서 공유할 수 있음을 주목합니다. 앞 팀이 일을 끝내야 뒤 팀이 일할 수 있는 것이 아니라 동시에 모여서 일을 진행할 수 있다는 것입니다. 그만큼 높은 성과를 낼 수 있습니다. 한마디로 말해서 개인들이 컴퓨터를 가지고 네트워크를 통해 함께 일하는 방식, 즉 워크그룹 컴퓨팅Workgroup Computing 방식으로 비즈니스 프로세스와 업무를 재설계합니다.

3. 정보 인프라를 활용해 조직을 통합한다

정보 인프라 하면 페덱스가 떠오릅니다. 페덱스는 허브 앤드 스포크Hub & Spoke 시스템을 통해 최초로 글로벌 익일 배송인 오버나이트 익스프레스를 실현했습니다. 그리고 실시간 발송물 추적 시스템을 구축해 배송의 가시성도 확보했습니다. 요즘은 물건을 주문하면 휴대폰을 통해 현재 어디까지 그 물건이 와 있는지 알 수 있도록 서비스하죠. 페덱스는 이미 1990년대 중반에 이를 실현한 혁신 물류기업입니다. 얼마나 배달을 잘하는지 미국 우체국이 때

때로 페덱스에 심야 배달을 의뢰할 정도라고 합니다. 이처럼 기업 내 정보 인프라 구축을 통해 조직 간 협업이 원활하게 이루어지는 조직 변환이 일어납니다.

4. 기업 간 컴퓨팅을 통해 기업 범위를 확장하다

월마트와 타깃은 컴퓨터 시스템을 주요 공급자와 연결했습니다. 각 점포에서 재고 상황을 주요 공급자와 공유해 공급망을 강화하고 재고를 축소했습니다. 코카콜라나 피앤지 등 공급자들도 제품 수요를 보다 정확히 예측할 수 있었습니다. 이처럼 인터넷은 기업 간 컴퓨팅을 통해 기업의 외부 관계를 확장합니다.

5. 인터넷을 통해 새로운 비즈니스를 창출하다

1990년대 중반 도쿄는 건설 노동자의 평균 나이가 55세였고 이용 가능한 원자재도 거의 없지만 거대한 건설 시장이 존재했습니다. 과거에는 이런 시장이 있더라도 그림의 떡이었지만 인터넷의

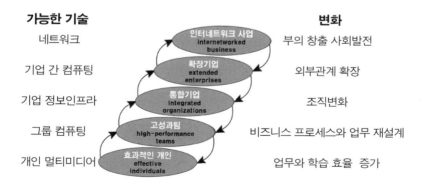

등장으로 다른 세상이 전개됩니다. 정보 고속도로상에 가상의 '기업 집단'을 창출하는 것입니다. 건축 회사, 목재 회사, 기기 제조업체는 물론 배관, 난방, 목공, 석공, 지붕 놓기 등 다양한 기술 기업들이 모여 프로젝트를 수행합니다. 이처럼 인터넷의 등장으로 새로운 부가 창출되고 사회가 발전합니다.

디지털 경제 시대에 비즈니스는 어떻게 바뀔까

'골드코프 챌린지'라고 들어보셨나요? 금광 회사 골드코프 창립자이자 CEO 롭 매큐원은 금을 어디서 찾을 수 있을지 지질학자들에게 조언을 구하고 빅데이터를 모으는 데 수백만 달러를 쏟아부었지만 답을 얻지 못했습니다. 몇 년이 지나 매큐원이 빅데이터로 금이 매장된 위치를 찾는 것을 포기하려 했을 때 문득 지질학자들은 모르더라도 누군가는 금을 어디서 찾을 수 있을지 알지도 모른다는 생각이 떠올랐습니다. 그리고 그는 보유하고 있는 데이터를 인터넷에 공개하고 '골드코프 챌린지'라는 이름의 온라인 경쟁 프로그램을 만들었습니다. 공개한 데이터를 통해 금이 어디에 있는지 찾는 팀이 우승하는 대회였습니다. 전 세계에서 77개 회사가 참가했고 결국 34억 달러의 가치를 지닌 금을 찾아냈습니다. 골드코프의 시장 가치는 2000년 1,900만 달러에서 2015년 200억 달러로 급상승했습니다. 이처럼 인터넷은 비즈니스 방식을 혁신적으로 바꾸었습니다.

또한 제품 설계 방식도 바뀌고 있습니다. 보잉사는 777 제작 방식을 다음과 같이 혁신적으로 바꾸었습니다.

기존 방식	새로운 방식
비행기 제조 후 납품 종이 도면 설계와 실물 크기 모형 제작 결함 발견을 위한 비행시험 설계-시공 분리 마지막에 유지보수 매뉴얼 제작	고객이 설계에 참여 컴퓨터로 작업하며 모형 제작 없음 컴퓨터 시뮬레이션으로 결함 제거 설계-시공 일괄 방식 유지보수 가능성을 염두에 두고 설계와 제작

디지털 경제 시대에 학습은 어떻게 바뀔까

디지털 경제 시대에는 일과 학습이 동일시됩니다. 평생 학습은 기본이죠. 이제 전문가가 되려면 특정 분야에서 높은 지식을 보유한 것만으로는 부족합니다. 계속 학습하는 사람이 돼야 합니다. '학습은 학교에서'라는 전제 조건이 붕괴되고 있습니다. 일부 교육기관은 변신하려고 노력하지만 진보가 느리기 때문에 결국 '학습조직'이 돼야 합니다. 학습조직에 대해서는 피터 센게의 『학습하는 조직』을 참고하면 좋습니다. 뉴미디어가 교육을 전혀 다른 모습으로 변형시키는 것도 참고할 만합니다.

일과 학습 동일시	지식노동을 수행하려면 항상 배워야 함
평생학습	공학 분야의 학위 유효기간은 약 3년. 3년이 지나면 우유가 상하듯 급속히 유명무실해짐. 전문가란 계속 학습하는 사람

'학습은 학교에서'라는 전제가 붕괴됨	기업에 지식노동자를 교육하는 책무가 있음 맥도날드 대학, 모토롤라 대학, 휴렛팩커드 대학 등
일부 교육 기관은 변신을 시도하나 진보가 더딤	75년 전 의사가 타임캡슐을 타고 와서 지금 일을 할 수 있을까? vs 75년 전 교사가 타임캡슐을 타고 와서 지금 일을 할 수 있을까?
학습조직이 돼야 함	기업이 지식경제에서 생존하고 발전하려면 조직학습을 방해하는 무능력 요인을 극복하고 학습조직을 창출할 필요가 있음
뉴미디어가 교육을 전혀 다른 모습으로 변형함	2,000개 과목을 네트워크에서 수강함

디지털 경제가 도래한 지도 꽤 많은 시간이 흘렀습니다. 오늘날 우리는 인공지능으로 하루하루 세상이 바뀌고 있음을 실감합니다. 외형의 변화에 휘둘리지 않고 근본적인 변화의 흐름을 파악하면서 적절히 대응할 필요가 있습니다.

＊ 더 생각해볼 것들!

디지털 경제는 지식상품과 인터넷이 핵심이다

정구현 이 책이 1995년에 '디지털 경제'라는 제목으로 나왔는데요. 그러니까 디지털 시대라고 하기 시작한 지는 상당히 오래됐네요. 디지털 경제의 정의는 무엇이고 역사가 얼마나 될까요? 우선 정의는 위키피디아＊에 보니까 '한계생산비가 제로인 지식상품이

＊　Digital Economy has been defined as the branch of economics studying the movement of "zero marginal cost intangible goods" over the Internet.

인터넷을 통해서 이동하는 경제'로 되어 있네요. 신경제와 동의어로 보면 되겠네요.

여기서 키워드는 '지식상품intangible goods'과 '인터넷'입니다. 지식상품은 바로 콘텐츠로서 음악과 동영상을 포함하는 거지요. 인터넷을 통해서 지식이 자유롭게 이동하려면 세 가지가 필요하겠지요? 통신망, 컴퓨터, 지식상품입니다. 그리고 저자는 이 셋을 묶어서 '쌍방향 멀티미디어'라고 표현합니다. 디지털 경제의 인프라인 PC는 1970년대 중반에 나왔고 웹과 웹브라우저는 1990년대 중반에 보급됩니다. 그렇게 보면 디지털 경제는 1990년대 중반에 시작됐다고 할 수 있으니 이 책은 디지털 경제 시대를 여는 책이 되겠습니다. 디지털 경제의 역사가 이제 30년 정도 되고 보니 이 책에서 주장하는 현상이나 원칙이 상식이 된 것도 많은 것 같습니다.

3. (경영 고전) 『컨테이저스』

: 아이디어를 빨리 퍼트리는
6개 원칙에 주목하라

조나 버거는 누구인가

조나 버거는 펜실베이니아대학교 와튼스쿨 마케팅학 교수이면서 전 세계에서 100만 부 이상 판매된 베스트셀러 『컨테이저스』과 『보이지 않는 영향력』의 저자입니다. 「뉴욕타임스」 「월스트리트저널」 「워싱턴포스트」 「사이언스」 「하버드비즈니스리뷰」 「와이어드」 「비즈니스위크」 같은 주요 언론에 소비자 심리와 관련한 글을 기고하고 있습니다. 행동 변화, 사회적 영향력, 입소문 효과, 그리고 제품과 아이디어가 주목받고 성공하는 이유를 설명하는 데 세계적인 전문가로 인정받고 있습니다. 그래서일까요? 마이크로소프트, 구글, 페이스북, 애플, 나이키 등 수많은 기업과 단체에서 새로운 제품을 출시하거나 조직문화를 바꿀 때 그와 협업하는 것으로 유명합니다.

조나 버거(Jonah Berger, 1980~)

조나 버거는 입소문의 대가로 유명합니다. 그는 학창 시절에 말콤 글래드웰이 쓴『티핑 포인트』에 감명받았다고 합니다. 그리고『스틱』의 저자인 히스 교수의 제자이기도 합니다. 두 책 모두 경영 고전 읽기 시즌 2에서 소개한 책이죠.『티핑 포인트』는 어떻게 해서 '대박상품'이 탄생하는가를 다루고 있고『스틱』은 '귀에 꽂히는 메시지'를 만드는 방법을 설명합니다. 버거는 이 두 책에서 영감을 얻어『전략적 입소문』이라는 책을 집필합니다.

입소문은 매력적인 마케팅 수단이다

다음과 같은 세 가지 특징 때문입니다. 첫째, 요즘 사람들은 광고를 잘 믿지 않습니다. 오히려 친구들의 말을 믿죠. 입소문은 신뢰성이 높습니다. 둘째, 입소문은 대상을 정확히 겨냥합니다. 스키 장비 판매업자가 심야 뉴스 시간에 광고한다고 합시다. 그 사람들은 스키에 관심이 없을 확률이 높습니다. 반면 스키장 리프트 티켓 뒷면 광고는 어떨까요? 이런 사람들은 대부분 스키를 가지고 있거나 혹은 늘 렌털만 합니다. 새로 살 확률은 낮습니다. 반면 입소문을 타면 정확히 이를 필요로 하는 친구에게 전달됩니다. 셋째, 입소문은 누구나 만들어낼 수 있습니다. 돈이 들지 않습니다.

이처럼 입소문은 매력적인 마케팅 수단입니다. 그럼 어떻게 해야 제대로 하는 것일까요? 저자는 STEPPS를 말합니다. S는 소셜 화폐Social Currency, T는 계기Trigger, E는 감성Emotion, P는 대중성 Public, 또 다른 P는 실용적 가치Practical Value, S는 스토리텔링Stories 입니다.

소셜 화폐: 소개하면 비범해 보인다

이 책은 소셜 화폐의 개념을 소개했다는 점에서 새롭습니다. 사람들은 여러 가지 정보를 접합니다. 그중에서 "아, 이 정보는 내가 주변에 얘기하면 내가 매우 멋진 사람으로 보이겠구나." 싶은 정보만 전달한다는 것이죠. 따라서 어떻게 하면 전달자들이 멋지게, 쿨하게 보일 수 있을지 생각하면서 입소문거리를 만들어야 합니다.

이런 입소문거리를 소셜 화폐 가치가 높은 입소문거리라고 말합니다.

애플을 창업한 스티브 잡스는 자기가 창업한 회사에서 쫓겨났다가 11년 만에 다시 복귀했는데요. 11년 만에 돌아와 보니 애플 제품이 가짓수만 많고 대부분이 별 볼 일 없는 상태였습니다. 이때 잡스는 이렇게 말합니다. "사람들이 왜 애플을 구매하는 줄 알아? 바로 소셜 화폐 때문이야. 이걸 놓치면 안 돼!" 그러면서 400종류의 제품을 단 4개로 줄입니다. "나 이런 거 갖고 있어." "나 이런 거 알아."라며 뽐내는 것이 요즘 말로 '있어빌리티'입니다. 이런 것들이 소셜 화폐입니다.

계기: 쉽게 떠올릴 수 있어야 한다

흔히 영어로 '트리거'라고 하는 계기는 입소문거리의 내용과 주제에 관한 이야기입니다. 사람들은 디즈니랜드 얘기와 매일 먹는 시리얼 얘기 중 어느 것을 많이 할까요? 시리얼은 지루하고 디즈니랜드는 멋지니 디즈니랜드 얘기를 많이 할까요? 아닙니다. 시리얼입니다. 우리도 그렇지 않습니까? 에버랜드 얘기보다는 편의점 도시락 얘기를 훨씬 많이 하죠. 지속해서 사용하는 제품이 입에 훨씬 많이 오르내립니다.

그런데 조금 이상하죠. 편의점 도시락보다는 에버랜드가 훨씬 멋져 보이지 않습니까? 소셜 화폐라는 관점에서는 말이죠. 입소문에는 두 종류가 있습니다. 즉각적인 입소문과 지속적인 입소문입니다. 새로운 정보를 알게 되거나 특이한 경험을 하자마자 다른 사람에게 알리는 것이 즉각적인 입소문입니다. 반면 지난달에 본 영화, 작년에 갔던 휴가지에 관한 이야기는 지속적인 입소문입니다. 두 가지 입소문 모두 중요하지만 제품이나 아이디어마다 유리한 것이 다릅니다. 영화라면 즉각적인 입소문이 필요하고 왕따 방지 캠페인이라면 지속적인 관심과 입소문이 필요합니다.

즉각적인 입소문	지속적인 입소문
영화	왕따 방지 캠페인 새로운 정책 발안
소셜 화폐	트리거
메인 보컬	드럼, 베이스

2020년 2월 GS25에서는 전년 동월 대비 코로나 맥주 판매량이 300% 증가했다고 발표했습니다. 왜 그럴까요? 코로나바이러스가 유행하면서 사람들이 코로나를 검색했는데 이것이 코로나 맥주의 매출 증대로 이어진 것입니다. 엉뚱하지만 특이한 현상은 아닙니다. 1997년 중반 미국에서는 마스라는 초콜릿바의 판매량이 급격히 늘어났는데요. 바로 이 무렵 미국 항공우주국이 탐사선을 화성에 착륙시켰다는 기사가 보도됐기 때문입니다. 화성을 영어로 하면 마스Mars죠. 마스 초콜릿바는 창업자 프랭클린 마스의 이름에서 따온 것입니다만 공교롭게도 겹친 것입니다. 코로나 맥주는 코로나바이러스가, 마스 초콜릿바는 화성 탐사선이 계기가 된 것입니다. 그렇다면 계기를 만드는 방법은 무엇이 있을까요?

10월 31일에는 항상 흘러나오는 곡이 있습니다. "지금도 기억하고 있어요. 10월의 마지막 밤을—" 가수 이용이 1982년에 발표해서 그해 MBC 최고인기가요상을 받은 곡입니다. 노래 제목은 '잊혀진 계절'이지만 많은 사람이 노래 제목을 '10월의 마지막 밤'으로 알고 있을 정도로 10월의 마지막 날이 강력하게 작용하고 있습니다. 이뿐일까요? 겨울이 생일인 사람은 늘 듣는 축가가 있습니다. "겨울에 태어난— 아름다운 당신은—" 1980년에 나온 이종용의 '겨울아이'라는 노래인데 수지가 드림하이에서 OST로 불러서 더욱 유명해졌습니다. 두 곡 모두 발매된 지 40년이 넘었는데도 지금도 때만 되면 흘러나옵니다. 바로 '10월의 마지막 날'과 '겨울'이라는 계기를 갖고 있기 때문입니다.

한편 제품을 홍보할 때 자주 접하는 것에 '묻어서' 가게 하는 전략을 쓰는 것도 좋습니다. 미국에서 과자 키캣 광고를 할 때 "커피에는 키캣"이라는 문구를 강조했습니다. 사람들이 매일 커피를 마시니 그때마다 키캣이 떠오르도록 하겠다는 전략이었습니다. 그 결과 매출이 3억 달러에서 5억 달러로 늘었습니다. 미켈롭 맥주는 "주말에는 미켈롭을"이라고 광고했습니다. 일주일마다 한 번씩 마시라는 얘기죠. 이처럼 자주 접하는 상황과 제품을 연결하는 게 중요합니다.

감성: 경외심이나 분노를 일으켜라

마케팅에 관심이 있다면 '말의 힘The Power of Words'이라는 제목의 시각장애인에 관한 유튜브 동영상을 보셨을 겁니다. 한 시각장애인이 동냥을 하는데 골판지에 이렇게 쓰여 있습니다. "I'm blind, Please Help(저는 시각장애인입니다. 제발 도와주세요)." 하지만 지나가는 사람들은 별 신경을 쓰지 않습니다. 그곳을 지나가던 한 여성이 골판지 뒷면에 글자를 적어 세워놓고 갑니다. 그러자 많은 사람이 동전을 주기 시작합니다. 나중에 한 여성이 오자 걸인은 그가 글씨를 쓴 여성임을 알고 묻습니다. "도대체 뭐라고 썼기에 갑자기 사람들이 저를 많이 도와줍니까?" 여성은 "같은 말이에요. 다만 표현을 좀 바꿨어요."라고 대답하죠. 뭐라고 썼기에 이런 변화가 생긴 걸까요? 곧 카메라는 골판지에 쓰인 문구를 비춥니다. "It's a beautiful day and I can't see it(아름다운 날이에요, 하지만 전 그걸 볼 수 없네요)." 감정을 건드리면 확실히 효과가 있습니다.

감정에도 여러 종류가 있습니다. 긍정적인 감정과 부정적인 감정이 대표적인데요. 입소문이라면 어떨까요? 똑같은 긍정적인 감정인데도 입소문이 잘 나는 경우가 있고 그렇지 못한 경우가 있습니다. 더 깊이 파헤쳐 보니 입소문을 결정하는 것은 긍정적이거나 부정적인 감정보다 각성 상태가 높은가 낮은가에 좌우된다는 사실이 발견됐습니다.

각성 상태가 높다는 것은 어떤 걸까요? 여러 사람 앞에서 발표할 때 심장이 쿵쾅거린다거나 손에 땀을 쥐게 하는 운동 경기를 본다거나 할 때 모든 감각 세포가 긴장하고 근육에 힘이 들어가며 주변의 소리, 냄새, 움직임에 민감해집니다. 이런 상태를 각성 상태라고 합니다.

	각성 상태가 높은 감정	각성 상태가 낮은 감정
긍정적인 감정	경외심 흥분 즐거움(유머)	만족감
부정적인 감정	분노 불안	슬픔

예를 들어 경외감을 느끼면 여기저기에 그때의 감동을 이야기합니다. 누군가와 공유하고 싶은 거죠. 이것이 바로 입소문을 내는 것입니다. 그 외에도 흥분했던 경험이나 누군가의 유머로 즐거웠던 경험도 입소문이 잘 납니다. 긍정적이면서도 각성 상태가 높은 감정이기 때문입니다. 반면 여유롭게 뜨거운 물로 샤워하거나 근육을 풀어주는 마사지를 받은 뒤에는 아무 생각 없이 이런 상태가 쭉 유지되면 좋겠다는 생각이 들죠. 긍정적인 감정이지만 각성 상태가 낮습니다. 그래서 입소문거리가 되지 않죠.

슬픔은 부정적인 감정이면서 각성 상태가 낮은 감정입니다. 사랑하던 반려동물이 죽거나 연인과 가슴 아픈 이별을 한 뒤에는 슬픔에 사로잡혀 모든 의욕을 잃게 됩니다. 소파에 몸을 웅크리고 누워 있게 되죠. 그런데 부정적이면서 각성 상태가 높으면 전파가 잘 됩니다. 분노, 불안 등이 여기에 해당되죠. 요즘 뉴스를 보면 '젊은이들의 분노 폭발'이라는 헤드라인이 자주 보입니다. '젊은이들의 슬픔 폭발'이란 건 없죠. 따라서 입소문을 내기 위해서라면 사람들의 분노를 자극해야지 슬프게 만들어서는 안 됩니다. 얼음이 녹아 북극곰이 살기 힘들어지는 것을 얘기할 때 "아, 슬프다."로 접근해선 곤란합니다. "도대체, 누가 이따위로 환경을 파괴한 거야!"라고 분노하게 만들어야 하죠.

대중성: 눈에 잘 띄는 곳에 놓는다

사람들은 눈에 잘 띄는 것을 모방하고 공유합니다. 가끔 지하철이나 공공 장소에서 바이올린을 연주하는 사람을 만납니다. 바닥에 놓인 바이올린 케이스 안에는 지폐가 몇 장 깔려 있죠. 사람들에게 "다른 사람들은 음악을 들으면 돈을 내는구나. 나도 내야겠군."이라는 마음이 들게 하려는 거죠.

눈에 잘 띄는 방법은 다양합니다. 의류업체는 제품에서 가장 눈에 잘 띄는 위치에 로고를 배치합니다. 나이키, 폴로 등 대부분 의류가 그렇죠. 크리스챤 루부탱 구두는 빨간색 밑창으로 유명합니다. 1992년 자신이 만든 신발에 에너지가 넘치면 좋겠다고 생각했는데요. 어느 날 한 직원이 강렬한 빨간색 매니큐어를 바른 것을 보고 "바로 저거야!"라고 외치고는 구두 밑창을 빨간색으로 바꾸었다죠.

이들의 공통점은 무엇일까요? 바로 물건을 구매한 사람이 구매한 제품을 홍보했다는 공통점이 있습니다. 나이키를 산 사람이 나이키를 홍보하고 루부탱 구두를 산 사람이 그 구두를 홍보한 거죠. 이 방법은 상대적으로 재원이 풍부하지 않은 중소기업에 유리합니다. 앞서 설명한 계기의 법칙은 어떻게 하면 우리 브랜드가 떠오르도록 하는지에 관해 다뤘습니다. 이번 대중성의 법칙은 어떻게 하면 우리 브랜드가 눈에 많이 띄도록 하는지에 관해 다뤘습니다.

실용적 가치: 실질적 도움을 줘야 한다

실용적 가치가 있으면 널리 공유됩니다. 사람들은 누가 물어보지 않아도 국민연금은 어떻게 가입해야 가장 효율적으로 은퇴 계획을 세울지, 감기에 잘 듣는 약이나 베타카로틴 함량이 높은 채소가 무엇인지 먼저 이야기합니다. 카톡으로 받은 것 중 다른 사람에게 재전송한 게 어떤 건지 살펴보면 유머도 있겠지만 쓸 만한 정보라서 공유한 것이 상당할 겁니다. 입소문이 나길 바라는 기업(또는 사람) 입장에서는 바로 그런 정보를 제공해야 합니다.

일반인에게 유용한 정보가 있는가 하면 특정인에게 유용한 정보가 있습니다. 예를 들어 "탈색 후 염색한 사람은 머리 관리를 어떻게 해야 할까?"가 일반인에게 유용하다면 "탈색 후 염색을 한 달에 한 번씩 1년 이상 한 사람은 머리 관리를 어떻게 해야 할까?"는 염색 마니아라는 특정인에게 유용한 정보입니다.

일반인에게 유용한 정보가 공유될 가능성이 큽니다. 주변에 그런 사람이 많이 있으니까요. 하지만 입소문이 날 가능성이 큰 것과 실제 입소문을 내는 것은 다른 이야기입니다. 마치 어떤 제품을 구매하겠다고 생각하는 것과 실제 구매하는 것은 하늘과 땅만큼 차이가 있는 것처럼 말이죠. 여기에서 중요한 것은 '책임감'입니다.

주변에 염색 마니아인 친구가 있으면 관련 정보를 보자마자 그 사람을 떠올리고 한 치의 망설임도 없이 그에게 재전송합니다. 누가 봐도 그 사람을 위한 정보이므로 꼭 알려줘야 한다는 '책임감'이 생기는 것입니다.

소셜 화폐와 실용적 가치는 비슷한 듯 다릅니다. 소셜 화폐를 공유하는 기준은 '내가 얼마나 멋져 보이는가'인 반면에 실용적 가치를 공유하는 기준은 '상대방에게 얼마나 도움이 되는가'입니다.

스토리텔링: 그럴듯한 이야기를 구성하라

성춘향과 이몽룡의 사랑 이야기인 『춘향전』은 우리 모두가 알고 있는 스토리입니다. 조선조 숙종 때 남원부사 자제 이몽룡은 아버지를 따라 남원고을에 내려옵니다. 책방에 갇혀 공부만 하니 짜증이 나서 하인 방자를 앞세워 광한루 구경을 나섭니다. 그러다 그네를 타는 한 미인을 보고 넋을 잃습니다.

이 이야기의 요점은 무엇일까요? 이몽룡만을 지아비로 삼겠다는 춘향의 의리, 비록 서울로 갔지만 힘들게 남원으로 찾아오는 이몽룡의 의리를 꼽을 수도 있습니다. 퇴기의 딸이 장원급제한 이몽룡의 정실부인이 되는 혁명성을 꼽을 수도 있습니다. 그런데 '만약 지아비에 대한 의리를 지켜야 한다.' '첫사랑에 대한 의리를 지켜야 한다.' '혁명을 꿈꿔야 한다.'라는 요점만 말했으면 사람들의 관심을 끌지 못했을 겁니다. 인간의 사고는 정보 단위가 아니라 이야기 형태로 이뤄지기 때문입니다.

이야기는 인류의 시작과 함께한 오락거리입니다. 곰이 굴속에서 마늘과 쑥을 먹으며 백 일 동안 지내 웅녀가 됐다는 단군신화처럼 말이죠. 소설처럼 구성된 이야기는 단순한 사실보다 흡인력이 강합니다. 시작, 중간, 끝으로 이루어지는데 시작 부분에 몰입이 잘되면 결말이 어떻게 될지 궁금해서 집중하게 됩니다.

이야깃거리를 만든다는 관점에서도 고객 경험 관리가 더욱 중요합니다. 고객 누군가가 자신의 체험을 말하면, 그리고 그 경험을 구체적으로 이야기하면 지어낸 이야기라고 생각하기 어렵습니다. 게다가 흥미진진한 이야기는 듣는 순간에 푹 빠지기 때문에 이야기의 진위 여부를 따지기 힘듭니다. 이야기를 쭉 듣다가 끝날 무렵이면 그 내용이 모두 사실일 거라 믿게 됩니다. 이것이 바로 이야기의 놀라운 힘입니다. 쓸모없는 잡담처럼 보이는 이야기 속에도 정보를 널리 퍼트리는 힘이 있습니다.

✻ 더 생각해볼 것들!

『티핑 포인트』『설득의 심리학』과 비슷하지만 다르다

정구현 이 책의 주제와 관련된 책을 그간 몇 권 공부했습니다.

하나가 저자에게 영감을 준 말콤 글래드웰의 『티핑 포인트』입니다. 이 책은 다음과 같은 주장을 합니다. 첫째, 인간은 소수의 영향력 있는 사람들에게 휘둘려서 유행을 쫓고 주위 환경의 영향을 받아서 불합리한 행동을 하는 경향이 있다. 둘째, 마케팅에서 대유행을 만들려면 소수의 영향력 있는 사람을 활용하고 단순하나 강력한 메시지를 상황에 맞춰서 끈질기게 발신해야 한다. 여기서 소수의 영향력 있는 사람은 소위 인플루언서로 커넥터(마당발), 메이븐(전문가), 세일즈맨(판매원)을 말합니다. 끈질긴 설득은 고착성이고 여건 또는 상황은 콘텍스트입니다. 그런데 조나 버거는 소수의 인플루언서의 영향력은 낮게 보는 것 같아요.

한편 치알디니는 저서 『설득의 심리학』에서 사회심리학의 관점에서 다음과 같이 주장합니다. "사람들은 생각보다 훨씬 더 감정적이고 때로는 비합리적이다. 따라서 상대방의 마음을 움직이는 기법은 의외로 단순하거나 엉뚱할 수 있다."

이 두 책의 내용을 종합하면 "사람들은 감성적이고 때로는 비합리적이며 소수의 영향력 있는 사람에게 휘둘려서 유행을 쫓고 시류에 흔들린다."라는 겁니다. 조나 버거는 이 책에서 어떤 아이디어나 상품이 대유행하는 데는 소셜 화폐, 계기, 감성, 대중성, 실용적 가치, 이야기성이라는 여섯 가지의 변수가 있다고 말합니다. 위두 책과 다른 점도 있고 또 비슷한 점도 있는데 서로 비교해서 보면 좋겠습니다.

8장
어떻게 우량장수기업을
만들 것인가

『히든 챔피언』

장기간 성과를 내는 기업은 비결이 있다

　장기간에 걸쳐서 우수한 경영성과를 내는 기업의 특징은 무엇인가? 이 질문에 대해서 분명한 답이 있다면 기업경영은 단순해질 수 있습니다. 그래서 우량기업의 조건을 조사한 많은 연구가 있었습니다. 더 넓게 본다면 대부분의 경영학 책이 이 질문에 답하려는 시도라고 볼 수도 있습니다.

　이번에 선정된 36권의 책 중에서 초우량기업의 특징을 연구한 책이 콜린스와 포라스의 공저인 『성공하는 기업들의 8가지 습관』과 콜린스의 단독 저서인 『좋은 기업을 넘어서 위대한 기업으로』가 있습니다. 그리고 해멀과 프라할라드의 『미래 경쟁 전략』, 독일의 우량장수기업을 연구한 지몬의 『히든 챔피언』이 있습니다. 우량기업 연구로 베스트셀러가 된 최초의 책은 1982년에 간행된 피터스와 워터먼의 『초우량기업의 조건』을 들 수 있습니다. 이 책들의 공통점은 경영의 기초를 튼튼히 하라는 것과 사람을 중시하라는 것, 그리고 변화에 적응하라는 것입니다.

우량기업과 장수기업은 무엇이 다른가

『초우량기업의 조건』에서 강조하는 8가지 특징도 사실은 세 가지 요인으로 집약됩니다. 고객 지향의 빠른 의사결정, 인재와 기업가치 중시, 린lean 조직과 본업충실입니다. 콜린스와 포라스의 『성공하는 기업들의 8가지 습관』도 요약하면 핵심가치와 끊임없는 개선입니다. 두 책을 종합하면, 우량기업의 특징은 다섯 가지로 고객지향성, 사람 중심 경영, 가치 중시 경영, 핵심역량, 효율적 조직이라고 하겠습니다.

우량기업과 장수기업이 같은 것은 아니지요. 우량기업은 재무지표로는 성장성과 수익성이 좋은 기업입니다. 그리고 그 수익성과 성장성은 현재의 기업가치에 반영됩니다. 기업가치는 미래에 예상되는 수익의 현재 가치이기 때문입니다. 주가수익률PER이 20인 기업은 기업의 가치가 금년 이익의 20배가 되니까 그만큼 수익의 기대치, 즉 성장성이 좋은 것으로 평가된 것이지요. 기업의 수익은 단 하나의 히트 상품으로도 크게 날 수 있습니다. 만약에 어느 제약회사나 화장품 제조회사가 완벽한 발모제를 개발한다면 그 기업은 특허가 유효한 기간 동안은 높은 매출과 이익을 볼 것입니다. 현재 체중감량의 효과가 확실하다고 하는 '오젬픽'을 개발한 덴마크의 노보노디스크는 매출과 수익성이 워낙 좋아서 덴마크 경제를 이끌고 있을 정도입니다. 이렇게 대단한 신약도 바로 모방제품이 나오기 때문에 시장의 성공이 영원하지는 않습니다. 계속해서 연구해서 후속 신약이 연이어 나와야 성공이 지속될 수 있지요.

우량장수기업으로 삼양사와 유한양행이 있다

그런 점에서 30년 이상 계속해서 높은 수익성과 성장성을 보이는 기업을 '우량장수기업'이라고 할 수 있을 것 같습니다. 한국에도 '우량장수기업'이 이제 다수 나와 있습니다. 삼성전자나 현대자동차는 설립된 지 50년이 넘었으므로 당연히 우량장수기업입니다. 한국 경제에서 창업이 활발했던 시기는 1955년, 1970년, 그리고 2000년 전후의 세 차례 정도였습니다. 1955년 전후는 전쟁이 끝나고 평화가 찾아온 시기였고 1970년은 정부의 중화학산업 육성 정책의 영향을 받아서 여러 개의 대기업이 설립된 시기였습니다. 2000년 전후는 정보기술IT을 기반으로 창업이 활발한 시기였습니다. 따라서 이제 한국에도 창업 후 역사가 50년이 넘고 70년이 넘는 회사가 다수 존재합니다.

그리고 2024년에 창립 100주년을 맞이하는 회사가 둘이 있습니다. 삼양사와 유한양행입니다. 두 회사 모두 한국의 기업사에서 큰 발자국을 남긴 두 기업가 김연수와 유일한이 같은 해에 창립했습니다. 두 회사에 대해서는 따로 연구해야 하고 또 여러 가지로 재조명할 것이 많을 것 같습니다. 그런데 사람도 시대를 잘 만나야 영웅이 되듯이 기업도 크게 성장하려면 시대를 잘 만나야 합니다.

1924년 이후 지난 100년을 시대별로 보면 1924~1955년은 초기에는 근대적인 기업에 필요한 인프라가 부족하여 기업경영이 상당히 어려웠던 시기였고 1939~1955년은 전쟁과 혼란의 시기였습니다. 1955~1970년에는 경제가 안정되기 시작하고 인재와 노하우가 쌓이기 시작했다고 하겠으나 한국 경제의 본격적인 성장은 1970년부터 지난 55년간이었습니다. 대한상공회의소가 2023년에 발표한 자료를 보면 1974~2023년까지 50년간 한국의 국내총생산GDP이 85배 성장했다고 합니다. 현재 한국의 우량장수기업은 이 시기에 성장성이 높은 산업에 참여해서 기업을 크게 키운 기업들입니다. 삼양사와 유한양행은 비교적 업종에 특화해서 지금까지 꾸준히 성장했으나 1970년대 초 이후의 경제성장 시기에 주력산업에는 참여하지 않았습니다.

장수기업의 특징은 시대에 따라 달라진다

100년이 넘는 역사를 가진 장수기업의 특징으로 보수적인 경영, 낮은 부채비율, 공유가치의 존중, 점진적인 혁신을 드는 연구도 있습니다. 100년 기업은 고유의 가치를 유지하고 보수적인 경영을 하면서 변화에 적응해온 역사라고 하겠습니다. 한국 경제에서 1970년부터 1997년 IMF 외환위기까지 근 30년은 기업의 부채비율이 자기자본의 4배 이상이었습니다. 고도성장기이면서 인플레가 심했던 시기에는 부채를 많이 얻어서 설비투자를 한 것이 성장의 비결이었는데 이러한 차입경영은 장수기업과는 거리가 있습니다. 따라서 우량장수기업이 어떤 기업인지는 시대에 따라서 다르게 봐야 할 것 같습니다. 2024년의 시점에서 보면 국내 경제성장 전망은 향후 연간 2%에서 크게 벗어나지 않을 것 같고 2030년대 이후에는 이보다 더 낮아질 수도 있겠습니다. 그런 저성장기에는 여러 장수기업에 관한 연구가 제시하는 '기본에 충실한 기업경영'이 답이 될 수 있겠지요. 기본에 충실한 기업경영은 무엇일까요? 정리하자면 다음과 같습니다.

① 끊임없는 고객지향성
② 사람 중심 경영과 내부 인재 중시
③ 경영이념과 가치 유지: 기본에 충실
④ 변화에 대한 적응과 끊임없는 혁신과 학습
⑤ 린 조직: 수평적, 분권화, 효율화, 애자일

사람들은 보통 무병장수를 큰 복이라고 생각합니다. 건강은 타고난 DNA와 생활습관의 두 가지로 집약됩니다. 그런데 DNA는 이미 주어진 것이니까 내가 할 수 있는 건 좋은 생활습관입니다. 이를 가리켜 '좋은 루틴'이라고 하는데요. 기업은 사람보다 훨씬 더 복잡한 구조이기는 하지만 기업도 역시 '좋은 루틴'이 중요한 것 같습니다. 위에 정리한 5가지를 습관화해서 기업문화가 된다면 기업경영에서 좋은 루틴이고 할 수 있지 않을까요?

• 콜린스와 포라스의 『성공하는 기업들의 8가지 습관』(1994)

이 책은 50년 이상 고성과를 유지한 18개 기업을 6년간 연구한 결과입니다. 핵심가치(강한 기업문화, 내부 성장 경영자)와 발전자극 (비핵BHAG)의 태극 모델을 제시하고 있습니다. 원서의 제목은 '장수하는 기업Built to Last'입니다. 1982년에 나온 피터스와 워터만의 『초우량기업의 조건』의 약점을 보완하기 위해서 50년 이상 고성과를 유지한 기업을 연구했지만 이 연구 기간의 사업환경이 비교적 안정적이어서 이런 접근이 가능했을 겁니다. 초우량기업을 연구하여 우월한 전략과 조직 원리를 찾아내는 귀납적 방법론은 환경이 변해서 낙후되는 기업이 나오면 이론이 퇴색하게 됩니다. 또 하나의 문제는 초우량 기업을 연구한 결과가 어느 정도나 다른 평범한 기업이나 중소기업에 적용될까 하는 의문입니다. 이미 선순환의 경영 사이클에 들어가 있는 기업은 환경이 변하거나 매너리즘에 빠지기 전까지는 높은 성과를 유지하겠지요. 그렇지 못하고 자원이 부족한 기업이 혁신을 통해서 우량기업이 된다는 것은 결코 쉬운 일이 아닙니다.

• 콜린스의 『좋은 기업을 넘어 위대한 기업으로』(2001)

짐 콜린스는 포라스와 공저한 『성공하는 기업들의 8가지 습관』 (1994)를 쓴 후 7년 만에 이 책을 썼습니다. 『성공하는 기업들의 8가지 습관』은 미국에서만 100만 부 이상 팔린 대 히트작이었습니다. 그런데 콜린스는 책 출간 후 어느 모임에서 "보통 기업이 위대한 기업이 되려면 어떻게 해야 할까?"라는 질문에 답을 하려고 이 후속 책을 썼다고 합니다. 20명이 넘는 연구원이 총 1만 5,000시간을 투입해서 썼다는데 저자는 책에서 '1억 달러를 준다고 해도 이 책은 포기할 수 없다'는 식으로 말합니다. 엄청난 노력을 투입해서 책을 썼고 저자가 얼마나 이 책을 소중하게 생각하는지를 표현하는 말이 겠지요.

엄청난 인력과 노력을 투입해서 쓴 책이고 전 세계적으로 300만 부 이상 팔린 책이니까 대단하기는 한데 내용이 좀 단순하다고 할까요? 이 책에 나온 처방들은 어떻게 보면 평범한 것들입니다. 경영이라는 것이 결국 기본으로 돌아가는 거라고 이해할 수도 있겠습니다. 7가지 정도의 교훈을 던지는데요. 우선 훌륭한 리더가 있어야 하며 전략보다는 적합한 인재를 먼저 확보해야 하며 냉혹한 현실을 제대로 인식해야 한다고 말합니다. 그다음에 잘하는 것 하나에 집중하라(한 우물을 파라), 규율의 문화를 가져라, 기술만으로 위대한 회사가 되지는 않는다, 오랜 시간에 걸쳐서 일관된 방향으로 계속해서 밀어붙이라고 조언합니다. 어떻게 보면 이 책은 조직에 관한 책이지 전략에 관한 책이 아닙니다. 시장, 고객, 산업의 변화, 기술의 변화, 혁신에 관한 이야기가 아니고 회사의 조직과 인재를 통해서 꾸준히 장기간에 걸쳐서 노력해야 한다는 내용입니다. 결과적으로 이런 메시지입니다. "기업 성공에 지름길은 없다. 기초를 튼튼히 하라."

• 해멀과 프라할라드의 『미래 경쟁 전략』(1994)

이 책도 성공한 기업을 연구했는데요. 핵심역량이라는 개념을 활용하여 기업이 잘하는 것에 집중하라고 주장합니다. 경영전략이론 중에서 자원기반이론을 전개한 연구 중 하나입니다. 1980년대와 1990년대 초에 나온 책들은 일본 기업에서 영감을 많이 받았는데 과연 일본 기업이 그렇게 우수한가에 대해서 의문을 제기하지 않을 수 없습니다. 1970년대와 1980년대의 일본 기업의 고성과가 과연 경영 시스템의 우수성 때문인지 아니면 기업 여건(일본 경제의 고성장과 환율 등의 영향) 덕택이었는지는 분명하지 않습니다. 또한 해멀과 프라할라드의 핵심역량 개념은 많은 미국 기업이 생산을 아웃소싱하도록 영향을 주었습니다. 특히 중국으로의 생산기지의 이동으로 연결되었는데 이런 전략의 부작용이 최근에 나오고 있습니다. 1980년대 이후 미국에서 제조업이 만드는 좋은 일자리가 줄어서 빈부격차가 확대되었지요. 또한 이 전략은 상품과 자본의 자유로운 이동을 전제로 하는데요. 지금 와서 본다면 세계적인 공급망의 불안을 야기한 전략이라고 볼 수 있습니다.

• 지몬의 『히든 챔피언』(1996)

헤르만 지몬은 독일을 대표하는 경영학자로 1996년에 이 책을 출판했습니다. 한국에서도 '히든 챔피언'을 본떠서 '강소기업'이라는 용어가 나오지 않았나 생각합니다. 또 정부와 산업계가 이런 기업을 발굴하고 선정하려는 노력을 많이 했습니다. 이 책은 독일이 유난히 왜 이런 세계적인 중견기업이 많은지를 잘 설명하고 있습니다. 이 책은 600쪽이 넘는 벽돌책으로 12장으로 구성되어 있습니다. 가장 중요한 부분은 마지막 장인 12장입니다. 시간이 없으시다면 이 장만 읽어도 책의 3분의 1은 읽었다고 하겠습니다.

이 책(2007년 2판)에서 히든 챔피언의 판정기준은 세 가지입니다. 세계 시장에서의 위치, 매출 규모, 지명도입니다.* 재미있는 것은 지명도가 낮다는 것인데 이건 아무래도 생산재 회사B2B가 많기 때문이라고 하겠습니다. 1970년대 초 이후 세계 경제는 다국적기업이 주도했는데요. 이들 다국적기업은 소비재도 많고 해서 세계적으로 브랜드가 잘 알려져 있지요. 그런데 지몬은 지명도가 낮은 회사를 찾아서 이를 히든 챔피언이라고 불렀지요. 특이한 점은 이 책에 나오는 기업은 모두 글로벌 기업이라는 점입니다. 그런 의미에서 이 책은 '글로벌 중견기업'에 관한 책입니다.

히든 챔피언은 반 이상이 가족기업이고 장수기업이 많습니다. 100년이 넘는 기업도 많고요. 특히 CEO가 회사 내부 출신이 많아서 평균 재직기간이 상당히 깁니다. 특히 창업가형 CEO도 많은데 이런 경영자의 특징으로 5가지 특징을 꼽고 있습니다.

① 사람과 일의 구분이 없다(기업과 경영자가 하나라는 의미).
② 목표에 집중해 매진한다.

---

* – Number one, two, or three in the global market, or number one on the company's continent, determined by market share
– Revenuebelow $5 billion
– Low level of public awareness

③ 두려움이 없다.

④ 활력과 끈기가 있다.

⑤ 다른 사람들에게 영감을 준다.

2. (경영 고전) 『히든 챔피언』

: 작은 연못의 큰 고기가 돼라

헤르만 지몬은 누구인가

독일이 낳은 초일류 경영학자 헤르만 지몬은 경영전략, 마케팅, 가격 결정 분야에서 세계 최고의 권위자로 손꼽힙니다. 그는 독일 어권에서 가장 영향력 있는 경영사상가로 선정될 때마다 피터 드러커와 함께 늘 최상위권을 차지하며 창조적인 이론과 탁월한 실행력을 인정받아 '현대 유럽 경영학의 자존심'으로 불립니다.

독일 빌레펠트대학교 교수, 독일경영연구원 원장, 마인츠대학교 석좌교수를 역임했으며 미국의 스탠퍼드대학교, 하버드대학교, MIT, 프랑스의 인시아드, 일본의 게이오대학교에서 학생들을 가르치고 연구를 계속해왔습니다. 현재 그는 국제적인 마케팅 전문 컨설팅 회사 지몬-쿠허앤드파트너스의 회장이며 영국 런던경영대학원의 영구 초빙교수로 활동하고 있습니다.

헤르만 지몬(Hermann Simon, 1947~)

세계적인 베스트셀러 『히든 챔피언』을 비롯해 『헤르만 지몬의 프라이싱』 『생각하는 경영』 『이익 창조의 기술』 『승리하는 기업』 『가격관리론』 등 40여 권의 책을 썼고 전 세계 30여 개국에서 출간했습니다. 또한 「하버드비즈니스리뷰」 「매니지먼트사이언스」 「파이낸셜타임스」 「월스트리트저널」 등 유수의 비즈니스 관련 매체와 학술지에 수백 편의 논문을 발표했습니다.

그는 독일인 최초로 싱커스 50의 반열에 올랐으며 2021년 5월에는 중국 산둥성 서우광시에 그의 이름을 딴 헤르만 지몬 비즈니스 스쿨이 정식으로 문을 열었습니다.

독일의 수출경쟁력은 어디서 나온 것일까

1980년대 후반 독일에서 세계적 석학 두 명이 만납니다. 한 명은 하버드대학교의 시어도어 레빗 교수입니다. 레빗 교수는 "사람들은 4분의 1인치 드릴을 원하는 게 아니다. 그들은 4분의 1인치 구멍을 원한다."라는 마케팅 명언으로 유명합니다. 그리고 또 한 명은 헤르만 지몬 교수입니다. 레빗 교수는 당시 글로벌리제이션 개념을 연구하면서 지몬 교수에게 질문을 던집니다. "왜 독일 기업은 수출경쟁력이 뛰어납니까?"

실제로 독일은 1986년에 세계 수출 1위 국가가 됩니다. 이 순위는 2009년에 중국이 1위가 될 때까지 유지되는데 25년간 수출 1위 국가를 유지했다는 점은 대단한 성과입니다. 더욱이 2009년 이후에도 독일의 수출액은 미국과 비슷한 수준을 유지하고 있습니다. 인구와 국내총생산GDP은 미국의 4분의 1 수준에 불과한데 말입니다. 정말 대단하지 않습니까?

히든 챔피언이 독일 수출경쟁력의 일등공신이다

독일의 수출경쟁력이 대단한 이유는 무엇일까요? 대기업 때문일까요? 물론 독일에는 폭스바겐, 바이엘, 지멘스, 보쉬 등 강력한 대기업이 있습니다. 하지만 미국, 일본, 심지어 프랑스도 독일보다 더 많은 포춘 글로벌 500대 기업을 보유하고 있습니다. 따라서 대기업만으로는 설명되지 않습니다. 헤르만 지몬 교수는 연구를 거듭한 끝에 흥미로운 사실을 발견합니다. 독일에는 아무도 모르는 중견 세계 시장의 리더들이 많다는 것입니다. 지몬 교수는 이들을 '히든 챔피언Hidden Champions'이라 명명하고 이들의 성공 요인을 분석해 1996년 같은 이름의 책으로 발간합니다.

히든 챔피언은 세 가지 조건을 충족해야 한다

히든 챔피언이 되기 위해서는 세 가지 조건을 충족해야 합니다. 첫째, 세계 시장에서 3위 이내 또는 특정 대륙에서 1위일 것. 둘째, 매출 규모가 50억 달러를 넘지 않을 것. 셋째, 일반 대중에게는 거의 알려지지 않을 것.

매출 규모가 50억 달러라는 점에서 좀 크지 않은가 생각할 수도 있지만 월마트의 매출액은 6,000억 달러가 넘으니 월마트의 120분의 1도 안 되는 규모입니다. 참고로 2023년 삼성전자는 260조 원, 현대자동차는 160조 원 정도의 매출 규모입니다. 한편 일반 대중에게는 잘 알려져 있지 않지만 업계에서는 매우 유명합니다. 선수들 사이에서는 소문나 있다고 보시면 됩니다. 히든 챔피언은 전 세계에 약 3,000개 정도로 추정되며 이 중 40%가 독일에 있습니다.

시장점유율	세계 시장에서 1위, 2위이거나 유럽 시장에서 1인자의 위치 → 세계 시장에서 톱 3(특정 대륙에서 1위)
매출	연간 매출액이 10억 달러를 넘지 않음(1995년 기준) → 연간 매출액이 50억 달러를 넘지 않음(2020년대 기준)
지명도	지명도가 낮음(포르쉐, 브라운처럼 유명한 기업은 제외)

히든 챔피언은 작은 연못의 큰 고기다

첫째, 명확한 목적을 가지고 있습니다. '우리의 목적은 1인자가 되는 것'이라는 목표를 달성하기 위해 끊임없이 인내합니다. CNN의 테드 터너는 "절대로 용기를 잃지 마라. 단념하면 안 된다. 당신이 포기하면 절대로 이길 수 없다."라고 말했습니다. 미켈란젤로도 "천재는 끊임없는 인내심이다."라고 말했습니다. 포기하지 않으면 오랜 역사가 생깁니다. 이것을 헤리티지heritage라고 하죠. 1761년에 설립된 파버카스텔은 지금까지 연필로 세계 시장을 주도하고 있죠. 1871년 독일 통일을 이룬 철혈 재상 비스마르크가 이 연필로 글을 썼고 네덜란드의 화가 반 고흐는 "명품, 검은 잉크"라는 찬

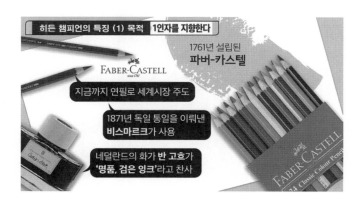

사를 아끼지 않았습니다.

둘째, 작은 연못의 큰 고기를 지향합니다. 어디까지가 연못, 즉 시장인지는 정의하기 나름입니다. 프랑크푸르트에서 뮌헨으로 이동하는 경우를 생각해보죠. 비행기만 본다면 루프트한자가 이 시장의 80%를 차지합니다. 하지만 많은 사람이 기차로 이동하기 때문에 기차까지 포함하면 점유율은 10% 이하로 떨어집니다. 여기서 자동차를 포함한 모든 운송수단으로 보면 시장점유율은 2%도 안 됩니다. 이처럼 시장에 대한 정의를 내릴 때는 매우 신중해야 합니다.

가급적 시장을 좁게 정의하고 여기서 강력한 영향력을 발휘해야 합니다. 빈터할터는 자동 식기세척기 업체입니다. 시장점유율은 2%에 불과했죠. 그래서 빈터할터는 시장을 좀 더 좁게 정의합니다. 병원용, 학교용, 공장용 등 시장을 다양하게 세분한 뒤 이 시장을 모두 버리고 호텔 및 레스토랑용 자동 식기세척기에 집중합니다. 회사 이름도 미식가라는 뜻의 가스트로놈Gastronom을 붙여 빈터할

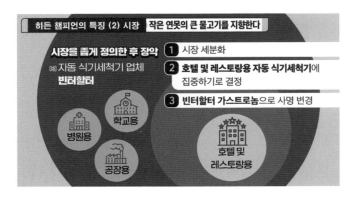

터 가스트로놈으로 바꿉니다. 시장을 좁힌 결과 세계 시장점유율이 15~20%로 수직 상승합니다. 자동 식기세척기 시장에서는 두각을 나타내지 못하지만 호텔 및 레스토랑용 자동 식기세척기 시장에서는 당할 자가 없습니다. 작은 연못의 큰 고기가 된 것입니다.

셋째, 글로벌을 지향합니다. 앞서 제품, 기술, 고객의 필요에 따라 시장을 좁게 정의한다고 했습니다. 너무 좁은 부분에 전문화한다는 것은 계란을 한 바구니에 담는 위험이 있습니다. 그런데 세계화를 통해 시장을 넓히면 규모의 경제 효과를 누릴 수 있고 좁게 정의된 시장에 전문화하는 데 따른 리스크를 줄일 수 있습니다.

몇 가지 더 알아볼까요? 조립용품 전문 기업인 뷔르트는 건설 현장을 방문하는 동안 우연히 아이디어를 얻은 적이 있습니다. CEO가 현장을 방문할 때의 일입니다. 한 근로자가 공구와 그 공구에 맞는 크기의 나사 번호를 읽는 것이 너무 어렵다고 불평하는 소리를 들었습니다. CEO는 나사를 숫자가 아니라 색깔로 구분하는 해결

방법을 찾았는데 이 '상표 보호 시스템trademark-protected system'이 엄청나게 성공한 거죠.

뷔르트 이야기를 조금 더 해볼까요? CEO는 현장 방문 때 근로자들이 근육과 힘줄의 특정 부위가 아프다고 호소하는 소리를 들었습니다. 지금까지 펜치나 드라이버와 같은 표준 공구가 인체적으로 적합한지 생각해본 사람은 아무도 없었습니다. 심지어 공구 중 어떤 것은 100년이 넘도록 모양이 바뀌지 않았다는 사실도 발견했습니다. 이것은 공구를 다루는 데 능률을 극대화할 수 없다는 것을 뜻

합니다. 뷔르트는 슈투트가르트대학교와 공동으로 연구 프로젝트를 시작해 전체 공구의 디자인을 새롭게 만들었는데요. 이 중 어떤 것은 심각한 스트레스를 30%까지 줄일 수 있었다고 합니다.

히든 챔피언의 또 다른 특징은 전략적 제휴를 거의 하지 않는다는 것입니다. 식품 업체의 설비를 제작하는 어느 기업이 부품 공급자에게 핵심 노하우를 주고 여러 가지 구성 부분을 잘 제작해달라고 요청했습니다. 외주 덕분에 이 기업은 더욱 효율적으로 업무를 수행할 수 있었습니다. 그런데 시간이 지나면서 그 기업의 노하우를 알아낸 몇몇 부품업체들이 직접 식품업체와 거래하기 시작했습니다. 부품 공급자를 교육한 것이 오히려 화를 불러일으킨 것입니다. 히든 챔피언은 결코 노하우를 공유하지 않습니다. 모든 것을 스스로 다하려고 합니다. 특히 다른 경쟁자들이 활용할 수 없는 독특한 기계를 자체 개발하고 제작하는 능력을 중시합니다. "몇몇 나라에서는 우리 제품을 모방하려 했지만 실패했다. 그들은 우리와 똑같은 공구가 없었기 때문이다. 우리는 시장에서 살 수 없는 자체 공구를 제작한다. 이것은 해적들에 대한 최선의 보호책이다."

히든 챔피언 기업의 CEO는 평균적으로 20년 이상 재임합니다. 이는 기업이 야심 찬 장기 목표를 추진하는 데 큰 이점으로 작용합니다. 장기 재임을 통해 CEO는 기업의 비전과 전략을 꾸준히 실현할 수 있으며 이를 통해 안정적이고 지속가능한 성장을 이끌 수 있습니다.

대부분의 히든 챔피언은 가족 기업인 경우가 많습니다. 이러한 기업에서는 경영 승계가 중요한 문제로 다가옵니다. 가족 기업들은 경영권을 가족 내부에 유지하려는 경향이 있지만 이는 경영 후보자들의 다양성을 제한할 수 있습니다. 따라서 가능한 한 많은 경영 후보자들을 개발하고 외부 인재를 적극적으로 수용하려고 노력해야 합니다.

히든 챔피언이 될 것인가, 대기업이 될 것인가

히든 챔피언이 될 것인지, 아니면 대기업이 될 것인지는 기업의 선택에 달려 있습니다. 히든 챔피언을 추구한다면 한 우물만 파는 것이 중요합니다. 특정 분야에서 세계 최고 수준이 될 때까지 집중하고 제품이나 업종을 다양화하기보다는 시장을 확장하는 전략을 택해야 합니다.

히든 챔피언은 제품과 기술의 전문성을 높이고 이를 기반으로 글로벌 시장에서 경쟁력을 갖추는 것이 핵심입니다. 또한 장기적인 목표를 설정하고 이를 달성하기 위해 끊임없이 노력하며 혁신을 통해 경쟁 우위를 유지하는 것이 중요합니다.

* 더 생각해볼 것들!

강소기업은 히든 챔피언을 본떠 만들어졌다

정구현 헤르만 지몬은 1947년생으로 독일과 유럽을 대표하는 경영학자입니다. 1996년에 이 책의 초판을 저술했습니다. 그리고 2007년에 개정판이 나왔지요. 본인 말로는 "1986년에 하버드대학교 경영대학원에서 시어도어 레빗 교수를 만나고 그의 논문인 「시장의 세계화The Globalization of Markets」를 읽고 영감을 받아서 히든 챔피언 연구를 시작했다."라고 합니다. 한국에서도 히든 챔피언을 본떠 '강소기업'이라는 용어가 나오지 않았나 생각합니다. 그러면서 작지만 강한 기업인 강소기업을 발굴하고 지명하려는 노력을 많이 했습니다. 중소기업은 약하고 경쟁력이 없다는 고정관념에서 벗어나는 시도라고 할 수 있습니다.

왜 독일에는 글로벌 히든 챔피언이 많을까

정구현 어느 나라에든지 지몬이 설명하는 경쟁력 있는 중견기업은 많습니다. 저자는 특히 독일이나 독일어권 국가(오스트리아, 스위스, 네덜란드, 스웨덴 등)에 많다는 건데요. 이게 작은 다국적기업이거든요.

제 생각에는 독일에 '글로벌 히든 챔피언'이 많은 이유는 세 가지입니다. ① 독일식 시장경제의 특징: 주식시장이 주도하지 않고 가족기업이 많다는 점 ② 산업구조: 기계업, 화학, 자동차 등 2차 산업혁명을 주도하는 산업이라는 점 ③ 유럽연합과 유럽이라는 지정학적 위치: '이른 국제화'에 유리하다는 점을 꼽을 수 있겠습니다.

한국 중견기업의 나아갈 길을 제시하다

정구현 히든 챔피언의 전략의 특징은 혁신과 글로벌화로 집약됩니다. 기술에서 차별화함으로써 제품경쟁력이 중요합니다. 경영의 모든 면에서 보수적입니다. 자본조달도 내부에 의존하고 전략적 제휴도 잘 안 하고 독자적인 기술과 경쟁력을 중요시합니다. 한국의 중견기업 중 제조업도 비슷할 것 같은데요. 차이는 한국의 중견기업 중에는 하청생산으로 성장한 기업이 많다는 점일 겁니다. 그러니까 위탁생산OEM-위탁개발생산ODM-자체브랜드 제조OBM 모델이죠. 그런데 독일 기업은 그런 과정을 거치지 않았지요. 그런 점에서 국제화의 개념이 상당히 다를 것 같아요. 이제부터 한국의 중견기업도 독특한 기술과 경쟁력으로 세계 시장에 진출하는 전략이 필요할 것 같아요.

소수의 인원이 고성과를 내는 효율적 조직이다

정구현 히든 챔피언의 조직상의 특징은 직원들의 충성심, 전문능력, 동기부여·유연성입니다. 회사에 대한 아주 높은 충성도commitment는 낮은 이직률로 나타납니다. 전문능력은 역시 히든 챔피언이 지식 중심 기업이라는 걸 보여줍니다. 직원 중에 대졸자 비중이 다른 기업보다 2배 정도 높다고 합니다. 가장 두드러진 조직의 특징은 분권화로 나와 있습니다. 조직도 가능하면 직능조직으로 단순히 가고 다각화는 유연다각화로 가되 불가피하면 분사를 해서 분권화를 최대한 달성합니다. 매트릭스Matrix 조직 같은 건 절대 금물이고요. 중견기업은 직원 수를 적게 유지하고 능력과 성과 위주로 갈 수밖에 없다는 겁니다.

하지 말아야 할 것만 안 해도 히든 챔피언이 된다

정구현 저자는 히든 챔피언으로 "성공하기 위해서는 똑똑할 필요는 없고 멍청하지만 않으면 된다."라고까지 표현합니다. 그들이 피하고 싶은 실수는 어떤 게 있을까요? 이러한 점을 조심해야 합니다.

① 연구개발을 줄여서 단기간에 이윤 극대화하기

② 핵심사업과 너무 동떨어진 다각화

③ 지나친 차입자본 이용하기

④ 너무 많은 회사 구성원 수

⑤ 생각 없이 맡기는 아웃소싱

⑥ 외부에서 무리하게 전문경영자 찾기

제이캠퍼스 경영 고전 읽기 시즌 3

초판 1쇄 인쇄 2025년 2월 19일
초판 1쇄 발행 2025년 2월 26일

지은이 정구현 신현암
펴낸이 안현주

기획 류재운 **편집** 안선영 김재열 **브랜드마케팅** 이민규 **영업** 안현영
디자인 표지 정태성 본문 장덕종

펴낸곳 클라우드나인 **출판등록** 2013년 12월 12일(제2013-101호)
주소 우) 03993 서울시 마포구 월드컵북로 4길 82(동교동) 신흥빌딩 3층
전화 02 - 332 - 8939 **팩스** 02 - 6008 - 8938
이메일 c9book@naver.com

값 19,000원
ISBN 979 - 11 - 94534 - 10 - 5 03320